MW00682637

El niño de 5 y 6 años

Guías para padres – Serie Gesell

Arnold Gesell y otros

Director de la Clínica de Desarrollo Infantil de Yale

El niño de 5 y 6 años

PAIDÓS
Barcelona•Buenos Aires•México

Título original: *The Child from Five to Ten.* (capítulos 5 y 6)
Publicado en inglés por Harper & Brothers, Nueva York

Traducción de Luis Fabricant
Colaboradores: Francesc L. Ilg, Louise Bates Annes y Glenna E. Bullis
Supervisión de Telma Reca

Cubierta de Daniela Mion-Bet

© 1967 de todas las ediciones en castellano,
  Ediciones Paidós Ibérica, S.A.
  Mariano Cubí, 92 - 08021 Barcelona
  y Editorial Paidós, SAICF,
  Defensa, 599 - Buenos Aires
  http://www.paidos.com

ISBN: 84-493-0886-0
Depósito legal: B-32.323/2000

Impreso en Novagràfik, S.L.
Vivaldi, 5 - Montcada i Reixach (Barcelona)

Impreso en España - Printed in Spain

Sumario

Capítulo 1
EL NIÑO DE CINCO AÑOS

Perfil de conducta

El niño de cinco años ya ha recorrido un largo camino por el sinuoso y ascendente sendero del desarrollo. Deberá viajar aún quince años más para llegar a ser adulto, pero ha escalado ya la cuesta más escarpada y ha llegado a una meseta de suave pendiente. Si bien no es aún —de ninguna manera— un producto terminado, muestra ya indicios del hombre (o de la mujer) que ha de ser en el futuro. Sus capacidades, sus talentos, sus cualidades temperamentales y sus modos distintivos de afrontar las exigencias del desarrollo se han puesto ya de manifiesto en grado significativo. Lleva ya el sello de su individualidad.

Pero también corporiza en su joven persona rasgos generales y tendencias de conducta características de una etapa del desarrollo y de la cultura a la cual pertenece. *Estos rasgos subyacentes que saturan su comportamiento constituyen la esencia de sus cinco años.* Ellos constituyen los rasgos de madurez que le hacen algo diferente del niño de cuatro y del niño de seis años.

Cinco es una edad nodal y también una especie de edad de oro, tanto para los padres como para el niño. Durante un breve período, la corriente del desarrollo fluye con suavidad. El niño se contenta con organizar las experiencias recogidas —algo desperdigadamente— en su menos circunspecto cuarto año. El expansivo niño de cuatro años se salía constantemente de sí mismo para relacionarse con el ambiente, arremetiendo contra él de manera casi atolondrada. Por el contrario, el niño de cinco años es dueño de sí mismo, reservado, y su relación con el ambiente se plantea en términos amistosos y familiares. Ha aprendido mucho, ha madurado. Se dedica a consolidar sus ganancias antes de hacer incursiones más profundas en lo desconocido. Hacia los cinco años y medio, se hará evidente una nueva forma de desasosiego evolutivo.

Hasta entonces se produce un interludio durante el cual el niño se siente a sus anchas en su mundo. ¿Y qué es su mundo? *Es un mundo de aquí y de ahora*: el padre y la madre, especialmente la madre; su asiento en la mesa, a la hora de la comida; sus ropas, particularmente esa camiseta de la que se siente tan orgulloso; su triciclo; el patio de los fondos de la casa, la cocina, su cama, la farmacia y la tienda de la esquina (o el granero y el establo, si es lo suficientemente afortunado para vivir en el campo); la calle y quizá la gran sala del parvulario, llena de otros niños y con otra «señora buena». Mas si su universo tiene un centro, ese centro lo ocupa la madre.

El niño no tolerará siquiera un parvulario si éste le impone demasiadas exigencias nuevas. No se halla ahora en una fase exploratoria del desarrollo. Demuestra una saludable intolerancia hacia el exceso de magia y el exceso de cuentos de hadas. Acaba, simplemente, de descubrir su mundo concreto y éste contiene suficientes novedades y realidades por mérito propio. Se acentúa, incluso, su tendencia a permanecer en casa, no debido a una dependencia anormal, sino porque el hogar es una institución compleja que atrae y satisface su atención. Se siente feliz jugando durante horas en casa, con todas sus domesticidades, lo que no debe considerarse como un descrédito para su desarrollo. Y no debemos sorprendernos si, en el parvulario, goza especialmente con la dramatización de situaciones domésticas. Debe tratar que el mundo familiar le resulte más familiar; el mundo familiar es todavía, para él, algo nuevo.

También su infancia es relativamente reciente en el tiempo. Le agrada que su madre le relate las experiencias que debió atravesar en la primera infancia; se dirige a su hermana más pequeña en la media lengua de los bebés. Todo esto le ayuda a separarse más definitivamente de su infancia y a identificarse más completamente con el medio actual, inmediato que le rodea.

Su relación con el ambiente es muy personal. El niño no está aún maduro para el alejamiento conceptual y las emociones abstractas a que aspira la ética adulta. Posee un sentido relativamente fuerte de la posesión; con respecto a las cosas que le gustan, demuestra incluso un orgullo de posesión; mas siempre son referencia a *lo suyo propio*. No tiene una noción general de la propiedad. Tiende a ser realista, concreto y a hablar y pensar en primera persona, sin llegar a ser, empero, agresivo o combativo. «¿Corren los perros?», fue la pregunta que se formuló a un niño de cinco años. «¡Yo no tengo perro!», fue su cortés respuesta.

Sin embargo, dentro de los límites de lo familiar y de una zona estrecha de lo desconocido, planteará preguntas propias: «¿Para qué sirve?» «¿De qué está hecho?» «¿Cómo funciona?» «¿Por qué viene el autobús por este camino?» —son las preguntas favoritas.

El niño de cinco años produce una impresión favorable de competencia y estabilidad, porque es capaz de concentrar su atención sin distraerse y porque sus exigencias no son excesivas. Le agrada comportarse bien dentro del reino de sus posibilidades. Aunque sus juegos espontáneos no son estereotipados, tiende a restringirlos a pequeñas variantes conservadoras sobre unos pocos temas. Pero estas variantes son numerosas y, con el tiempo, proporcionan beneficios evolutivos de importancia.

La autolimitación es casi tan fuerte como la autoafirmación. En consecuencia, el niño pide ayuda a los adultos, cuando la necesita. Le agrada asumir pequeñas responsabilidades y privilegios a los que puede hacer plena justicia. Se le maneja mejor sobre esta base que desafiándole a realizar esfuerzos que escapan todavía a sus fuerzas. Si se le exige demasiado, puede reaccionar con pequeños arranques de resistencia o de sensibilidad; mas rápidamente recupera su habitual porte equilibrado. Hay en él, a menudo, una vena de seriedad. Delibera mucho más que un niño de cuatro años. Piensa antes de hablar.

A pesar de ello, el niño de cinco años puede tener sentido del humor. Le agrada proyectar «bromas sorpresa», aun en el dominio de la conducta moral. El padre le pregunta: «¿Has comido tu cena?»; su respuesta es: «¡No!», revelando ya, por anticipado, el placer que obtendrá del descontento paterno. Y agrega: «¡No, no quiero!». Inmediatamente, para gran alegría de todos, la investigación revela que ya ha comido su cena, sin dejar ni pizca.

Los niños de cinco años gustan de acomodarse a la cultura en la que viven. Su actividad espontánea tiende a realizar bajo un buen dominio de sí mismo. Buscan el apoyo y la guía de los adultos. Aceptan la ayuda de los adultos para salvar las transiciones que no les son familiares. Se muestran ansiosos por saber cómo hacer cosas que están dentro de sus posibilidades. Les agrada ser instruidos, no tanto para gustar a sus mayores como para sentir las satisfacciones del logro personal y de la aceptación social. Les gusta practicar la conversación social de pedir permiso y de esperar un permiso formal. Los cinco años constituyen una edad de conformidad, comprendida en la pregunta: «¿Cómo se hace?».

Esta docilidad no significa, pese a todo, que el niño de cinco años —con todos sus rasgos atractivos— sea un individuo altamente social. Está sumergido harto profundamente en su mundo como para poder tener una percepción discriminada de sí mismo entre sus pares y entre sus superiores. Sus juegos colectivos se limitan, por lo general, a un grupo de tres y se organizan teniendo como preocupación principal los fines individuales, más que los fines colectivos. Niños y niñas se aceptan mutuamente con libertad, independientemente del sexo, aunque sin competencia jerárquica en cuanto a quién ha de desempeñar el papel de la madre y quién el del bebé en el juego de la casa. Al no ser indebidamente agresivo y adquisitorio, el niño de cinco años tiende a establecer relaciones pacíficas con sus compañeros en los juegos colectivos sencillos.

La ligazón emocional con la madre es fuerte. La obedece fácilmente; le gusta ayudarla en las tareas de la casa; goza cuando ella lee para él en alta voz. Si las cosas van mal, puede proyectar la culpa sobre ella, acusándola de «mamita mala». Por otra parte, siempre responderá al castigo por parte de ella con un cambio temporal de conducta.

Como es lógico suponer, estos modos emocionales están sujetos a grandes variaciones individuales; pero sugieren una firme orientación matriarcal. Después de todo, la madre es una figura de suma importancia en el pequeño mundo del niño de cinco años. Ella es, evidentemente, el Gran Agente Ejecutivo de la casa, de la que emanan todas las bendiciones y todas las autorizaciones. El niño está descubriendo los contornos del orden social, contornos que aparecen por primera vez en el hogar. ¡Y señala su nueva concepción sociológica proponiendo matrimonio a su madre!

Esta petición refleja tanto las limitaciones intelectuales como los modos emocionales de un típico niño de cinco años. Este individuo representa una interesante combinación del ayer y del mañana, pero comprende el *yo-aquí-ahora* mejor que el *tú-allí-luego*. Está sumergido tan por completo en el cosmos que no tiene conciencia de su propio pensamiento como proceso subjetivo separado del mundo objetivo. En su propia persona puede distinguir la mano derecha de la izquierda; pero carece de ese pequeño exceso de proyectividad que le permitiría distinguir la derecha de la izquierda en otra persona. Si bien es cierto que comienza a usar palabras fácilmente, se halla tan absorto por el cosmos que no puede suprimir su propio punto de vista para comprender —por reciprocidad— el punto de vista de los demás. Sin embargo, posee un sentido elemental de la vergüenza y de la desgracia. Busca el afecto y el aplauso. Le agrada escuchar que hace bien las cosas. Le gusta traer a casa algo hecho en la escuela.

El niño de cinco años es más pragmático que romántico. Construye sus definiciones en función del uso de la cosa definida: «Un caballo es para montar; un tenedor es para comer». Le molestan y le confunden los cuentos de hadas excesivamente irreales. Es cierto, empírico, directo. Désele un lápiz y dibujará un hombre con cabeza, torso, extremidades, ojos y nariz. Llegará incluso a proporcionarle cinco dedos, pero puede contar hasta cuatro o cinco. Sabe también copiar un cuadrado. Si copia unas pocas letras mayúsculas, muy probablemente las identifique estrechamente con personas y objetos. Casi podría decirse que construye personalidades para determinadas palabras. Su mecánica y su astrología se tiñen análogamente de animismo. Es muy inocente en el dominio de las relaciones causales y lógicas. Las nubes se mueven porque Dios las empuja y, cuando Dios sopla, hay viento.

A pesar de todo, el niño de cinco años es un gran hablador. La volubilidad del cuarto año dio como resultado un vocabulario aumentado, quizá de unas dos mil palabras. Ha superado la mayor parte de su articulación infantil. Cuando relata una experiencia, emplea con mayor libertad las conjunciones. Puede referir un cuento. Puede exagerar, pero no es dado a la invención extraordinariamente imaginativa. Su juego dramático está lleno de un diálogo práctico y de una especie de monólogo colectivo. Usa las palabras para clarificar el mundo multitudinario en el que vive. Quizá sea el lenguaje —más que cualquier otro campo de la conducta— el campo en el que muestre una ligera tendencia a irse por las ramas, a salirse un poco de sus propios cauces. Ésta es una tendencia sana del crecimiento, pues las palabras le ayudarán a alejarse constructivamente de su madre y del ambiente que lo mantiene aún apresado.

En general, la vida emocional del niño de cinco años sugiere un buen ajuste consigo mismo y confianza en los demás. No carece de angustias y de temores, pero son por lo general temporales y concretos. El trueno y las sirenas despiertan a menudo su temor. La oscuridad y la soledad le provocan timidez. Muchos niños de cinco años tiene accesos de temor en los que creen que su madre los abandonará, o que no la encontrarán al despertar. Sus sueños pueden ser placenteros, pero son más a menudo presa de pesadillas, en las cuales animales terroríficos ocupan un lugar más prominente que las personas.

Sin embargo, teniendo en consideración todos estos aspectos, el niño de cinco años goza —en sus horas de vigilia— de un equilibrio excelente. Somáticamente, su salud es buena. Desde el punto de vista psicológico, se siente a sus anchas en el mundo, porque se siente cómodo consigo mismo. Algún choque puede hacerle perder el equilibrio, pero tiende a recuperarlo. De ordinario, no escapa por la tangente del berrinche o del ataque de nervios. Le resulta suficiente golpear brevemente con los pies en el suelo y afirmar: «No, no quiero». Aunque inclinado a trepar y a la actividad motriz gruesa, exhibe compostura en sus posiciones de pie y sedente. Sentado en una silla, no molesta ni se muestra inquieto. Se pone de pie con aplomo. A menudo, observamos gracia y habilidad inconscientes, tanto en la coordinación motriz gruesa como en la fina. Hay una acabada perfección y economía de movimientos, que sugiere, una vez más, que los cinco años son una edad nodal hacia la cual convergen los hilos del desarrollo para organizarse con miras a un nuevo adelanto.

En realidad, la naturaleza psicológica de esta edad resulta más evidente cuando nos detenemos en este límite nodal y echamos una mirada retrospectiva al camino evolutivo que ha recorrido el niño para llegar a su estado actual. Es un sendero tortuoso, espiralado. Hubo límites similares en el pasado; habrá otros en el futuro. Los cinco años se comparan con los tres y con las veintiocho semanas en cuanto a configuración general y cualidades. Los diez años se asemejarán a los cinco. Se trata de breves períodos durante los cuales ejercen su ascendencia las fuerzas asimiladoras, organizadoras, del crecimiento. Durante los períodos intermedios —a los cuatro, seis y ocho años— prevalecen los impulsos expansivos, fermentativos, progresivos del crecimiento.

Resulta innecesario decir que estas alternativas en la tónica del desarrollo no están claramente definidas. La evolución del crecimiento es como el espectro cromático: cada fase, cada color, se identifica mediante grados imperceptibles con el siguiente. Sin embargo, los siete colores del espectro son bien distinguibles. De la misma manera, los rasgos de madurez del niño de cinco años se diferencian de los rasgos de madurez del niño de seis años.

Conviene que el lector esté sobre aviso, pues no comprenderá a su hijo de seis años, a menos que haga esta distinción.

Rasgos de madurez

(Los rasgos de madurez que siguen no deben considerarse como normas rígidas ni como patrones. Ejemplifican, simplemente, las clases de conducta, deseable o no, que tienden a producirse a esta edad. Cada niño posee un modo individual de crecimiento, que es único. Los rasgos de conducta aquí delineados pueden usarse para interpretar su individualidad y para considerar el nivel de madurez que ese niño ha alcanzado.)

Un perfil de conducta tiende a darnos una imagen compleja del niño como un todo. No podemos hacer justicia a su psicología a menos que pensemos en él como una unidad total, como un individuo. Si tratamos de dividirlo en partes, deja de ser una persona.

A pesar de ello, son tantas sus facetas que no podemos —de una sola mirada— atender a todos los aspectos de su compleja conducta. Debemos observarlo desde diferentes ángulos y buscar aquellas características que posean una significación especial. Puesto que se trata de una personalidad unificada, encontraremos que todos sus rasgos son más o menos interdependientes.

Para los fines prácticos, sin embargo, podemos agrupar estos rasgos en diez categorías, que pueden verse en la tabla correspondiente. Los llamamos *rasgos de madurez* porque en todo esto no se tiende a destacar las capacidades del niño, sino las etapas y mecanismos de su desarrollo.

La lista de los rasgos es bastante amplia y abarca las zonas más importantes de la conducta que preocupan al hogar y a la escuela. En cada uno de los párrafos citaremos ejemplos concretos de comportamiento que hemos encontrado en cada nivel anual de edad. Los ejemplos no son siempre típicos, pero ilustran los tipos de conducta y los grados de madurez con que tienen que vérselas padres y maestros en niños relativamente normales.

Los rasgos de madurez están enunciados en párrafos breves, informales, que reflejan los acontecimientos cotidianos de la vida hogareña y escolar. No erigimos estos rasgos en normas, sino que los consideramos como indicadores de conducta del niño en un determinado grado de madurez.

Algunas veces, esta conducta es indeseable y evitable. Si el lector comprende el valor evolutivo de esa conducta puede, por lo general, imaginar un método de dirección adaptable a la madurez del niño. La guía de los niños debe adaptarse siempre a las exigencias del desarrollo. Ocasionalmente, se sugieren en el libro medidas específicas de orientación. Por lo general, la orientación estará implícita en el enunciado de los rasgos de madurez y no requerirá una formulación pormenorizada. Para mayor conveniencia, utilizaremos un conjunto estándar de diez títulos para representar los rasgos de madurez ilustrativos en cada edad.

Comenzaremos con las *Habilidades motrices*. Básicamente, el niño es un sistema de músculos con los cuales ejecuta movimientos en el tiempo y en el espacio. Nos interesa conocer el curso, la forma, la simetría y la dirección de estos movimientos. ¿Cómo cambia esta coordinación motriz con la edad, según lo revelan la postura corporal, el manejo de objetos, el dibujo y el uso de ojos y manos?

El niño es también un organismo fisiológico que debe llenarse y mantenerse, que está sujeto a enfermedades, a estímulos exteriores y a tensiones interiores. Bajo el título de *Higiene personal,* incluimos la conducta y los ajustes relativos a la comida, al dormir, a la eliminación y al bienestar físico.

Las actitudes afectivas y las amenazas al organismo se manifiestan en diversas formas de *Conducta expresiva* y en *Temores y sueños*.

Sin embargo, las fuerzas de la autoconservación son importantes. El niño construye un sentido de sí mismo; diferencia entre él y el sexo opuesto; adquiere un dominio creciente de los factores sexuales que incumben a su propia vida y a las relaciones con los demás. Los cambios evolutivos de significación tienen lugar en el campo de *Personalidad y sexo*.

El niño desarrolla eficazmente la detallada arquitectura de su sentido de sí mismo mediante actividades sociales más que privadas —mediante una vasta red de asociaciones con sus abuelos, sus padres, sus maestros y sus compañeros— la red de *Relaciones interpersonales*.

Gran parte de su actividad, tanto personal como social, es juego, experimento, pasatiempo, recreación. Los *Juegos y pasatiempos* revelan sus energías e intereses espontáneos.

Pero la cultura moderna ha decretado que el niño de cinco a diez años debe ir también al colegio. Tiene mucho que aprender sobre las ciencias, las artes y las amenidades de la civilización. Las pautas de su *Vida escolar* revelan cómo reacciona el niño ante las exigencias de la cultura.

Durante las horas escolares y fuera de ellas, el niño se halla constantemente ante la necesidad de adaptarse a otras personas, amigos y extraños, jóvenes y viejos, amables y amenazadores. Por consiguiente, establece una red de relaciones personal-sociales, expresadas en diferentes rótulos y valores: «tuyo y mío», «bueno y malo», «se puede y no se puede», «justo e injusto», «tú tienes la culpa», «yo tengo la culpa», «sé un niño bueno», «sé una niña buena». He aquí la matriz evolutiva de su *Sentido ético*.

Dos mundos concatenados rodean al niño: el mundo de las cosas y el mundo de las personas. El ambiente sería abrumador y oprimente si el niño no poseyera una invencible propensión a establecer sus propias orientaciones. Son orientaciones de intelecto y de actitud. Abarcan los misterios principales de la vida y la muerte, de la naturaleza, de la humanidad y de las fuerzas sobrenaturales. La filosofía se ha definido como el conocimiento de las cosas divinas y humanas y de las causas en las cuales están contenidas. También un niño hace sus propias formulaciones en este campo tan vasto del conocimiento. Sus enunciados sufren interesantes transformaciones con la edad.

1. Características motrices

Actividad corporal

El niño de cinco años posee equilibrio y control. Está bien orientado respecto de sí mismo. Posturalmente, es menos extremo y menos extensor que a los cuatro. Mantiene los brazos cerca del cuerpo. Se tiene de pie con los pies juntos. Los ojos y la cabeza se mueven casi simultáneamente al dirigir la mirada hacia algún objeto. Es directo en su enfoque, mira a las cosas de frente. Va directamente hacia una silla y se sienta en ella. Parece estar bien orientado con respecto a los cuatro puntos cardinales, pues sentado en la silla se vuelve un cuarto de circunferencia a la derecha y da incluso media vuelta hasta mirar hacia atrás.

La actividad motriz gruesa está bien desarrollada. Aunque quizá camine con los pies inclinados, puede hacerlo en línea recta, descender una escalera alternando los pies y saltar sobre un solo pie, alternadamente.

Gran parte de su conducta pone en práctica su mecanismo de alternación. Le gusta el triciclo y lo maneja perfectamente. Muestra un marcado interés por los zancos y los patines de ruedas, aunque no puede mantenerse mucho tiempo sobre ellos.

Su economía de movimiento es notoria, por contraste con la expansividad de los cuatro años. Aparece más contenido y menos activo, porque puede mantener una posición por períodos más largos; pero pasa de estar sentado a ponerse de pie, y luego de cuclillas, de manera continua. Aunque juega durante más tiempo en un lugar limitado, es una gran ayuda en la casa: le gusta subir las escaleras para buscar algo que su madre necesita, o ir varias veces del comedor a la cocina para ayudarle a poner la mesa.

Ojos y manos

El niño de cinco años se sienta con el tronco perfectamente erguido, con su labor directamente frente a él. Puede moverse ligeramente a derecha o a izquierda para orientar su cuerpo, y puede ponerse de pie y continuar con su tarea. El funcionamiento de ojos y manos parece tan completo como el de un adulto, aunque en realidad puede desarrollar aún las estructuras más finas. Su acercamiento, prensión y abandono son directos, precisos y exactos en tareas motrices sencillas. Utiliza sus juguetes preescolares con mayor habilidad y determinación. Monta un rompecabezas familiar de forma activa y rápida.

Está adquiriendo mayor destreza con las manos y le gusta atarse los cordones de sus zapatos, abrochar los botones que caen dentro de su campo visual, «coser» una hebra de lana a través de varios agujeros practicados en una tarjeta, haciéndola girar. Le gusta colocar los dedos sobre el teclado del piano y emitir un acorde. Demuestra ahora preferencia tanto por los bloques grandes como por los pequeños, de diversas formas y colores, con los cuales construye estructuras sencillas. Asimismo le gusta copiar modelos.

Al niño de cinco años le gusta también observar. Observa a la madre hacer algo y luego trata de hacerlo él también. Necesita muchos modelos y le gusta copiar dibujos, letras y números. También le agrada tener contornos de figuras para colorear, tratando de mantenerse dentro de las líneas. El niño de cinco años debe tener una buena provisión de este tipo de materiales.

En sus dibujos espontáneos hace un esquema lineal, con pocos detalles. Puede colocar las puertas trasera y delantera en la paredes laterales de una «casa», o bien dibujar una casa como un cuadrado con un semicírculo en la parte superior y otra en la inferior, que representan las puertas. Reconoce que su resultado es «gracioso».

La manualidad está, por lo general, bien establecida, y el niño de cinco años puede reconocer la mano que usa para escribir. Coge el lápiz, inicialmente, con la mano dominante y no lo transfiere a la mano libre. En la construcción con bloques, alterna el uso de ambas manos, pero la dominante es la que utiliza con mayor frecuencia. Esto sucede también cuando señala figuras.

Cuando se le mantiene sentado, se inquieta, se levanta a medias de la silla, pero permanece entre la mesa y la silla. Las descargas de tensiones son breves. Con la mano libre puede rascarse, cepillarse, palpar o tocar cualquier parte del cuerpo (del lado correspondiente a esa mano) o partes de la cara, así como el brazo, la pierna y las ropas. También puede estornudar o sentir necesidad de sonarse la nariz.

2. Higiene personal

Comida

Apetito. —La tendencia a un mejor apetito, advertida ya a los cuatro años y medio, está bastante bien establecida a los cinco. Esto no quiere decir, sin embargo, que todas las comidas sean uniformemente mejores que antes. Dos de las comidas diarias son buenas y la tercera —por lo general, el desayuno—, relativamente pobre. Una enfermedad o una operación no alteran este apetito establecido, como hubiera sido el caso en una edad anterior. La disminución de apetito registrada durante una enfermedad o una operación va seguida, a menudo, por un definido aumento durante el período de convalecencia.

El niño de cinco años está interesado en terminar las cosas, incluso hasta llegar a limpiar su plato. Es lento en lograrlo, pero es persistente. Su apetito es superior a su capacidad o a su interés por comer solo, de manera que no sólo acepta ayuda, sino que a menudo la solicita.

Rechazos y preferencias. —Al niño de cinco años le gusta la cocina sencilla. Para su comida principal, prefiere carne, patatas, verdura cruda, leche y frutas. Las salsas, los guisados e incluso los budines pueden parecerle demasiado complicados y artificiales. Las verduras hervidas, especialmente las verduras de raíz, gozan de su especial agrado. El cereal continúa formando parte de su alimentación, debido principalmente a la voluntad de la madre, y suele aceptarlo sólo si ella se lo da. El ejemplo de los demás influye, sin embargo, tanto en las preferencias como en los rechazos del niño. También le influyen los programas televisivos y puede incluso aceptar las hojas de nabo debido a su contenido vitamínico. Aceptará nuevos alimentos en la mesa familiar si asiste a ella sólo algunas veces durante la semana, o en un restaurante, en un *pic-nic* o cuando un invitado se une al grupo familiar.

.Ayuda. —Se espera que el niño de cinco años coma solo y, en general, lo hace con bastante habilidad, aunque lentamente. Muchos niños, sin embargo, todavía necesitan ayuda a esta edad, especialmente hacia el final de la comida y con alimentos como el cereal, que no gozan de su predilección. Comen mejor y más rápido si la mayor parte de sus comidas tiene lugar fuera de la mesa familiar. El niño comienza a emplear el cuchillo para untar el pan, pero todavía no está listo para cortar la carne, ni estará en condiciones de hacerlo hasta que pasen algunos años.

Comportamiento en la mesa. —Los modales tienen escasa importancia hasta que el niño tenga un buen apetito y sea capaz de comer completamente solo. Por lo tanto, a los cinco años el niño goza de un pequeño respiro, antes de que comiencen los torrentes de críticas. Además, con frecuencia hace su comida principal por la noche, en la cocina —separado del grupo familiar—, donde come mejor ya que su madre se mueve cerca de él sin prestarle demasiada atención. Comer con un hermano puede ayudarle a entorpecer la comida. Si ha estado comiendo en su habitación, el ascenso que significa comer en la cocina es un buen estímulo. Unas pocas comidas por semana con la familia le suministran un ímpetu adicional.

Si asiste a todas las comidas de la familia, incluso la cena, cuando el padre está en casa, se muestra por lo general inquieto y se agita en la silla. No se levanta ni corre por la habitación, ni pide que lo lleven al baño, como hacía a los cuatro años. Pero, por lo general, trae a la mesa su capacidad de conversar y tiende a monopolizar la conversación. Esto interfiere con su comida y lo retrasa considerablemente. Si puede lograrse que coma el plato principal antes de la comida familiar, come mejor y puede gozar del postre con la familia. Sin embargo, el niño de cinco años quiere conformar a los demás y, si se le reprende, hará un esfuerzo para mejorar su conducta, aunque puede necesitar que se lo recuerden con frecuencia. Posiblemente use aún babero, aunque muchos ya usan una servilleta atada alrededor del cuello.

Dormir

Siesta. —Una buena proporción de niños de cinco años duermen siesta ocasionalmente. La siesta parece ser un ajuste para combatir la fatiga. Un niño de cinco años posiblemente duerma siesta si va al colegio por la mañana, o bien, si lo hace por la tarde, posiblemente duerma siesta sólo los sábados y los domingos, o los días lluviosos. En cualquier caso, no duerme siesta, por lo general, más de una o dos veces por semana. Los niños tienen mayor tendencia a la siesta que las niñas y algunos pueden hacer siestas de una o dos horas, hasta cinco veces por semana.

La mayoría de los niños de cinco años que no duermen siesta no descansan, por lo general, por iniciativa propia. Sin embargo, al llegar la noche posiblemente pidan acostarse temprano. No se resisten a una «siesta de juego», que puede durar entre media y una hora, si se les provee de alguna ocupación interesante (colorar, modelar con plastilina, construir estructuras con juguetes de madera). El niño descansa al mismo tiempo en su dormitorio y le produce un gozo especial el despertador dispuesto para sonar cuando deba finalizar su siesta recreativa.

Hora de acostarse. —Muchos niños siguen acostándose a las nueve de la noche; algunos lo postergan hasta las nueve y media o diez. Por lo general, el niño ha escuchado alguna lectura antes de acostarse. A menudo, prefiere que su madre le preceda para encender las luces. Los preparativos para acostarse se desarrollan comúnmente sin tropiezos. Algunos llevan aún a la cama un animal de juguete o una muñeca, pero muchos ya han abandonado esa costumbre. Con todo, esto no quiere decir que el niño no vuelva a sus animales o juguetes favoritos en una edad ulterior, cuando los necesite más que ahora.

Algunos niños, que no se duermen rápidamente, piden «leer» o colorear durante un rato. Otros se duermen inmediatamente, sin deseo alguno de actividad previa. Otros prefieren estar acostados tranquilamente en la oscuridad, cantando para sí mismos o manteniendo una conversación imaginaria con otro niño. Estas conversaciones tratan a menudo de proezas tales como pegar a otro niño o cazar animales salvajes.

Unos pocos se levantan aún con frecuencia para pedir algo de beber o algo de comer, o ir al baño; pero la mayor parte puede atender sus propias necesidades sin incomodar a los padres, aunque les informan de lo que están haciendo. Por lo general, el niño de cinco años se duerme alrededor de media hora después de acostarse. Unos pocos permanecen despiertos hasta las once. El dormir puede retrasarse debido a un día demasiado excitante, a la presencia de gente extraña o a la anticipación de una salida nocturna de los padres. Si el niño tiene dificultades para dormir, en ocasiones sirve de ayuda acostarlo en la cama de los padres para llevarlo luego, una vez dormido, a su propia cama.

Noche. —Algunos niños duermen toda la noche; pero muchos tienen un dormir interrumpido por sueños o por la necesidad de ir al baño. Ésta es la edad en la que, a menudo, los padres no pueden decidir si levantar regularmente al niño para hacerle cumplir sus necesidades o si deben dejarlo dormir toda la noche. Si se hace un ensayo de no despertarlo, se comprueba que el niño ya no necesita ir al baño durante la noche, o bien que se despierta por sí solo —por lo general pasada medianoche— y llama a la madre. Algunos atienden sus necesidades por sí solos, pero sienten que deben informar a la madre antes de volver a la cama. Normalmente, son escasas las dificultades para volver a la cama y retomar el sueño.

Los sueños y las pesadillas invaden definitivamente el dormir de muchos niños de cinco años. Predominan los sueños de animales terroríficos. Muchos niños se despiertan gritando, tiene dificultades para salir del sueño, aun con la madre a su lado; finalmente, con el recurso de llevarlos a otra habitación o al baño, se despiertan, comprenden dónde están y vuelven a dormirse. Generalmente, es difícil para el niño dar muchos pormenores de este tipo de pesadilla. Es asombroso ver cuán rápidamente se tranquiliza el niño al oír la voz o al sentir la caricia de alguno de sus progenitores. El niño de cinco años comienza a hablar durante su sueño, nombrando por lo general a la madre o a un hermano.

Mañana. —La mayoría de los niños de cinco años se despiertan a las ocho o las nueve horas, después de dormir once horas. A menudo, los domingos duermen hasta más tarde. Los que se levantan antes de las 7 son aquellos que aún continúan durmiendo siestas o los que se acuestan muy temprano. A esa edad, puede esperarse que los niños se atiendan solos al despertar, cierren las ventanas, se vistan y se pongan las zapatillas, hagan sus necesidades y vuelvan a la cama para ocuparse de colorear o de hojear libros hasta la hora de levantarse. Un niño de cinco años puede significar, a menudo, una gran ayuda para un hermano menor, hasta el punto de cambiarle el pijama mojado. Ya no pide que lo lleven a la cama de los padres por la mañana, pues está muy ocupado con sus propias actividades.

Eliminación

Intestinos. —Es costumbre del niño de cinco años defecar una vez por día, casi siempre tras una comida. Lo más normal es que sea después de la comida y, si no, es más frecuente que lo haga después de la cena que después del desayuno. El niño de cinco años ya no tiende, como lo hacía a los cuatro, a interrumpir una comida para evacuar los intestinos. Pero el niño puede quejarse, al terminar una comida, de un «terrible» dolor que se relaciona, por lo general, con la necesidad de mover el vientre. Los niños que, según los informes, pueden hacerlo «en cualquier momento» muestran, a menudo, una creciente constipación y una tendencia a pasar uno o dos días sin movimientos intestinales. Esto se aplica más a las niñas, que necesitan un control más cuidadoso. Puede ayudarles la sugerencia de sentarse en el inodoro y esperar todo el tiempo necesario para que la deposición se produzca. Es probable que se necesite jugo de ciruelas o algún laxante suave. Hay menos interés que a los cuatro años por dar cuenta de los movimientos intestinales. Cierto número de niños de cinco años necesitan aún ayuda para limpiarse.

Vejiga. —Aunque el niño de cinco años es bastante responsable en lo que a sus necesidades físicas se refiere, orina con poca frecuencia y probablemente no va al baño cuando realmente lo necesita. Que el niño se mueva y salte sobre un pie son indicios evidentes para el adulto de su necesidad de orinar. Algunos niños están sujetos a intervalos relativamente frecuentes de micción y posiblemente necesiten que se les interrumpa durante un período de juegos —por la mañana o por la tarde— para recordarles que vayan al baño antes de que sea demasiado tarde. Pueden resistirse a esta interrupción, pero acuden de buena gana ante la perspectiva de comer o ante el sonido de una campanilla.

Algunas veces necesitan que se mantengan sus genitales bajo observación, pues se le enrojecen y llagan con facilidad. Esto se remedia fácilmente con algún ungüento suave. Esta condición se relaciona posiblemente con la masturbación, pero también puede ser una característica evolutiva o individual.

Los accidentes nocturnos son poco comunes, pero la necesidad de orinar durante la noche —como se ha visto en *Dormir*— es aún relativamente frecuente. El niño hace sus necesidades regularmente, o bien es capaz de acudir al baño por sí solo, dando cuenta después a sus padres de que lo ha hecho.

Baño y vestido

Baño. —El baño se lleva a cabo ahora con relativa rapidez y con verdadera participación del niño. Éste todavía no puede llenar la bañera para su baño, pero esto se debe, en parte, al temor que le inspira el chorro del agua caliente. El niño quiere, definitivamente, ayudar a su lavado, especialmente de manos y rodillas. Tiende a demorarse en una rodilla, lavándola una y otra vez; necesita que le llamen la atención y le hagan pasar a la otra rodilla o a otra parte del cuerpo. Muchas madres prefieren bañar ellas mismas a sus hijos, para terminar cuanto antes esta tarea; otras usan el baño del niño como período de lectura, supervisando simultáneamente al niño, parte por parte, durante todo el baño. Unos pocos niños insisten aún en jugar con botes mientras se bañan.

Vestido y cuidado de las ropas. —Los padres informan comúnmente de que el niño «puede vestirse solo, pero no quiere hacerlo». Desvestirse es aún más fácil que vestirse. A los cinco años, el niño se viste mejor si la madre ha extendido la ropa en la cama, prenda por prenda. De no ser así, probablemente se las ponga aún con la parte de atrás hacia delante. El niño puede manejar ahora todos los botones, a excepción de los de la espalda. Anudar los cordones de los zapatos es algo que se escapa, por lo general, a sus posibilidades; los que pueden atarlos, lo hacen con un lazo demasiado flojo.

Un número considerable de niños de cinco años sabe cumplir la tarea de vestirse sin necesidad de que le ayuden. Otros, en cambio, lo hacen sólo cuando están ansiosos por prepararse para algo subsiguiente, o cuando quieren sorprender a sus padres. Probablemente algunos elijan dos o tres días por semana en los que serán responsables de vestirse por sí solos, los días restantes pertenecen a la madre, y durante estos días, la responsabilidad pertenece solamente a ella. Los días del niño pueden estar señalados en un calendario: el niño se interesa en el calendario como guía y como registro.

La responsabilidad que asumen los niños a esta edad respecto de sus ropas, sea para seleccionarlas, para extenderlas antes de vestirse, para recogerlas después de haberse desvestido, o para mantenerlas en buenas condiciones, es escasa. Ni siquiera aquellas niñas que tienen conciencia de la vestimenta y sienten orgullo de su aspecto cuidan bien de sus ropas.

Salud y afecciones somáticas

En general, la salud del niño de cinco años es relativamente buena, con excepción de las enfermedades contagiosas, cuyo número aumenta a partir del cuarto año. Tosferina, sarampión, son las más frecuentes. Algunos sufrirán sólo uno o dos catarros durante los meses de invierno, lo que señala un sorprendente contraste con los repetidos catarros de los cuatro años.

Los dolores de estómago son bastante comunes y se relacionan tanto con la ingestión de alimentos como con la necesidad de movimiento intestinal. Los dolores estomacales pueden seguir a la ingestión de alimentos que no agradan al niño, o a la ingestión demasiado rápida de algún alimento. Si se presiona al niño para que termine su comida con apuro, posiblemente vomite.

Descargas de tensión

La mayor parte de las descargas tensionales se relacionan con la actividad previa al dormir. Unos pocos niños podrán chuparse el dedo, pero sólo antes de dormir. En algunos, ello ocurre sólo una vez por semana o una vez por mes. Otros usan objetos consoladores —sábanas, mantas, almohadas o animales de juguete— para dormirse más pronto. Muchos han abandonado ya estos hábitos, o están en camino de abandonarlos.

Los cinco años es una buena edad para pensar en poner término a la costumbre de chuparse el dedo. Los padres deben saber distinguir entre el niño que será capaz de hacerlo por sí solo y el que requerirá ayuda. Quizá la renuncia voluntaria al objeto relacionado con chuparse el dedo rompa esta pauta. Entonces, el niño probablemente necesite ayuda para dormirse; por ejemplo, que la madre se siente a su lado o que le devuelva el objeto inductor del sueño, si no puede estar sin él. Envolver el pulgar en una venda o hacer planes para la adquisición de un objeto muy deseado (como, por ejemplo, un gatito) pueden proporcionar la motivación necesaria para abandonar esta costumbre. En todo caso, el plan no debe ser impuesto, sino que debe discutirse ampliamente con el niño, hasta que se convierta en su propio plan. Las respuestas manufaciales manifestadas en el rascarse la nariz, morderse las uñas, o cualquier otro gesto que implique el movimiento de la mano hacia la boca, son bastante comunes a los cinco años. El oscilar puede hacerse tan repetido que se asemeje a un tic nervioso. Los niños que no evidencian sus descargas tensionales en estas formas restringidas, lo hacen en sus relaciones interpersonales, especialmente con las madres: son empecinados y díscolos, o bien plañideros y caprichosos. Otros expresan aún tendencias a extralimitarse, típicas de los cuatro años. Continúan siendo muy activos y ruidosos, y un ligero defecto en un juguete puede servirles de invitación para destruirlo completamente. Factores de personalidad influyen en la forma en que se liberan las tensiones.

3. *Expresión emocional*

Cinco ya ha abandonado la tendencia nómada, vagabunda, tránsfuga, de los cuatro años. La casa es para él, a menudo, el interior de ella, el radio de acción de la voz de la madre. Se afirma que es muy servicial. Aunque es un gran conversador, piensa antes de hablar y no se lanza violentamente a parlotear, como a los cuatro años. A los cinco, busca frecuentemente respuestas. No sólo es muy servicial, sino que, a menudo, es un verdadero colaborador de la madre. No hace algo sin antes solicitar el permiso correspondiente. Aunque pueda haber sentido celos de un hermano menor, ahora lo adora y se muestra protector y deseoso de atenderlo.

Cinco es reposado. Muestra nuevos controles inhibitorios y anticipa bien los acontecimientos inmediatos. A pesar de ello, un acontecimiento anticipado puede resultarle demasiado excitante si no se lo ha preparado con suficiente antelación. Su comer y su dormir pueden transtornarse y puede mostrarse muy tímido o excesivamente activo cuando el acontecimiento efectivamente sucede. Ha dejado de lado gran parte de la impetuosidad de sus cuatro años y ya no alardea delante de las visitas. El sonido del teléfono puede inducirle a contestar. Cuando era más pequeño, su madre cogía el teléfono mientras él aprovechaba la oportunidad para saquear el frasco de los bizcochos.

Este reposo inhibitorio hace al niño más capaz de un nuevo tipo de determinación —una seguridad que utiliza para salirse con la suya y para poner en práctica sus ideas—. También le hace un poco dogmático, de suerte que sólo tiene una forma de hacer las cosas, una sola respuesta para una sola pregunta. Es importante reconocer éste como un rasgo temporal y, quizás, útil del crecimiento. Si se le contradice o si se trata de hacerle ampliar su criterio, el niño insistirá en contradecir, a su vez, y discutirá todo el tiempo que se le permita. Por lo general, el adulto pierde la discusión o, por lo menos, debería perderla. Si se le presiona demasiado, el niño se encoleriza y llora o insulta, llamando a su madre, por ejemplo, «nena mía», «vaca gorda», etc. Si se le habla severamente o se le reprende, por lo general, llora. Pero la mayor parte de las veces trata de mantener su terreno y es poco probable que escape a buscar consuelo en alguno de sus juguetes, como hacía antes. La madre puede ayudarle a controlar la acción descarriada introduciendo en la conversación una palabra mágica tal como «tienda» (la palabra puede obrar como por arte de magia si el niño desea ansiosamente, en esa época, que le regalen una tienda de campaña).

Algunos niños de cinco años no se desenvuelven bien a menos que tengan un comienzo adecuado. A menudo, es posible hacer que el niño se ajuste a sus exigencias si se le ayuda a llevar a cabo su idea a su manera. Ésta es la forma en que ambas formas se mezclan. El niño no puede cambiar en mitad de la corriente; debe comenzar nuevamente desde el principio. Un niño de cinco años que se había levantado con el pie izquierdo y había continuado así durante todo el día, se echó finalmente a llorar a media tarde, diciendo: «Quisiera volver a comenzar el domingo desde el principio».

4. *Temores y sueños*

Temores

Cinco no es una edad temerosa, ni una edad de excesiva conciencia. Aunque anteriormente le hayan asustado los cuentos de brujos, fantasmas o espectros, probablemente el niño ya no los tema, porque tienen muy poca realidad para él. El temor a los perros es algo menor que antes. Aún dirá que tiene miedo de las cosas, si bien es cierto que sus temores pierden verdaderamente intensidad. Sin embargo, el niño de cinco años comienza a sentir temores que pueden llegar a su apogeo a los cinco y medio y a los seis años, tales como el temor a ciertos elementos: trueno, lluvia y oscuridad.

Su principal temor es verse privado de la madre —que ella puede irse y no volver, o que ella no se encuentre en casa cuando él vuelva de la escuela, o que haya desaparecido cuando él se despierta en mitad de la noche—. Éste puede ser un período difícil para la madre, porque tiene que estar en casa aun cuando el niño duerme. Es fundamental, sin embargo, llegar a un acuerdo satisfactorio con el niño, de manera que pueda controlar su temor. Se le puede inducir a aceptar la protección de alguna otra persona en ausencia de la madre; o pudiera ser que todo lo que necesita para sentirse seguro es un número de teléfono al que llamar para comunicarse con la madre ausente.

La noche aumenta los temores. Durante la noche, el trueno o las sirenas son mucho más espantosos que durante el día.

Teme menos a la oscuridad, pero todavía prefiere que su madre le acompañe cuando va a acostarse. A menudo, insiste en que haya alguna luz encendida en la entrada o en el baño, y prefiere dejar su puerta entreabierta. Si la madre trata de disuadirlo, puede contestarle: «¡Pero la oscuridad se me mete en la cara!».

Sueños

Los sueños interrumpen frecuentemente el dormir del niño de cinco años. Estos sueños son, por lo general, desagradables y, con gran frecuencia, figuran en ellos lobos y osos que se meten en la cama con él. Pueden morderlo y perseguirlo, pero esta agresividad activa es más común a los cinco y medio y a los seis años. A menudo, el niño se despierta gritando debido a la cualidad terrorífica de sus sueños. Por lo general, se tranquiliza fácilmente, aunque puede exigir algún tiempo hacerle despertar de una pesadilla y, también, volverlo a dormir una vez se ha despertado.

Posiblemente relate su sueño por la mañana, recién levantado. Sólo relata otros sueños si hay alguna experiencia diurna que le ayude a recordarlos. Así, por ejemplo, una niña leía con su madre un cuento sobre una rama verde, cuando de pronto se detuvo y dijo: «Verde, verde como la mujer. Sabes, no tendría que haberme asustado y salir así del sueño». Los niños que sufren pesadillas son incapaces de relatar sus sueños. Otros, a juzgar por lo elaborado de sus relatos, probablemente inventan los sueños que cuentan.

Los animales salvajes y la gente extraña o mala que asusta al niño son elementos que ocupan un lugar preponderante en los sueños del niño de cinco años. Hay también sueños de actividad en relación con los elementos: volar por el aire, zambullirse en el agua, estar junto a una hoguera. Éstos tienen lugar en relación con algo desagradable, terrorífico. Los acontecimientos cotidianos y las personas familiares (la madre y los compañeros de juego) comienzan a aparecer en los sueños, pero no ocupan todavía un papel prominente.

5. *Personalidad y sexo*

Personalidad

Cinco se muestra más moderado que el niño de cuatro; es más persona. Es serio respecto de sí mismo y le impresiona mucho su capacidad de asumir responsabilidades y de imitar la conducta adulta. Con justicia se dice de él que es más maduro. Posiblemente no parezca tan independiente como antes, pero tiene mayor conciencia de la relación de sus actos con la gente y con el mundo que lo rodea. Es tímido en sus acercamientos a los demás, pero edifica una relación lenta y continua que hace de los cinco años una de las edades favoritas de los adultos. Con las cosas, tanto como con las personas, el niño de cinco años tiende a preparar y plantear los acontecimientos del futuro cercano, en lugar de esperar que se precipiten sobre él.

Se siente seguro en la relación con la madre. Ella es tan parte de él como él mismo. Es fundamental para el niño de cinco años mantener una relación justa y recíproca con la madre. Es naturalmente obediente, quiere agradar, quiere ayudar y pide permiso aun cuando no sea necesario.

Cinco demuestra tener una notable memoria para los hechos pasados. Puede acumular pensamientos igual que acumula cosas. Mediante sus preguntas, construye un impresionante acopio de información. Y, como sucede con todas las cosas del niño de cinco años, hay cierto método tanto en lo que piensa como en lo que hace.

Cinco habita en un mundo de aquí y de ahora, y su principal interés en el mundo se limita a sus propias experiencias inmediatas. Prefiere permanecer próximo a la base hogareña.

Sexo

Por regla general, el niño de cinco años no se preocupa por cuestiones sexuales como lo hacía a los cuatro. Su interés por lo sexual se limita principalmente al recién nacido, al nacimiento de los niños. Este interés se manifiesta también en la ternura materna que demuestra hacia el hermano menor. Aunque en años anteriores posiblemente haya preguntado: «¿De dónde vienen los niños?», vuelve a preguntarlo a los cinco. Todo lo que quiere saber es que el bebé crece en «la barriga de la mamita». Rara vez demuestra interés en saber cuál es el origen inicial. El uso de palabras como «semilla» o «huevo» le recuerda las verduras y los huevos de gallina y podría servir más para confundirlo que para ayudarlo. Acepta fácilmente una afirmación tal como la oye, y luego la repite con escaso significado para él mismo. Un niño de cinco años presentó su hermanito a algunos visitantes diciendo: «Éste es mi hermanito. Vino de una semilla».

Algunos niños de esta edad se aferran aún a la idea de que se puede comprar un bebé en el hospital. Incluso, resuelven el problema del sexo del bebé declarando que el hospital entrega niños en determinados días y niñas en otros. Muy pocos niños tienen conciencia del crecimiento del abdomen de la madre durante el embarazo, ni captan la idea del crecimiento del bebé en el seno materno. Algunas niñas se preocupan por saber cómo sale el bebé y posiblemente piensen espontáneamente que lo hace a través de la cicatriz de la operación de apendicitis, si han visto alguna.

Como se ha mencionado más arriba, el verdadero interés del niño de cinco años está en el bebé, más que en sus antecedentes. Tanto los niños como las niñas desean tener un bebé propio. Algunos niños de esta edad se remontan a la época en que estaban en el vientre de la madre: les agrada conversar sobre ello y preguntan a la madre si ella lo recuerda. O bien les gusta referirse al futuro en el que tendrán un bebé propio, o bien, al percibir una ligera dilatación de sus estómagos, concluyen que están por tener un bebé, o quizá una muñeca. ¡Un niño quizá dramatice el proceso del nacimiento sacando de pronto una muñeca que había escondido entre sus piernas! Otro niño de idéntica edad quizás tenga un sentido más crítico de la realidad. Un niño de cinco años preguntaba a otro de la misma edad: «¿Eres suficientemente grande para tener un bebé?». «¡Por favor, no! —fue la respuesta—. Ni siquiera sé decir la hora todavía.»

Cinco raramente juega a mostrar sus genitales o sus nalgas. En verdad, se ha vuelto más bien pudoroso, es especial con respecto a mostrar su cuerpo a extraños. Incluso puede mostrar esa modestia ante una sirvienta o un hermano menor. Tiene conciencia de los órganos sexuales en los demás, cuando los ve expuestos, y también de las características sexuales secundarias, tales como el bello púbico o el pecho de las mujeres. Aunque sabe que la diferencia de sexos está indicada por los órganos sexuales, tiende todavía a diferenciar a los hombres y mujeres por el corte del cabello o por los nombres. Existe aún cierta perplejidad en algunos niños sobre la carencia de pene por parte de una hermana, o la ausencia de seno del padre. Algunos quizás expresen el deseo de transformarse en el sexo opuesto. Otros destacan su propio sexo rechazando cualquier objeto de juego que posean y que pueda relacionarse con el sexo opuesto. Los niños, por ejemplo, se negarán enfáticamente a jugar con objetos femeninos como muñecas o tablas de planchar.

6. *Relaciones interpersonales*

Cinco está en esa deliciosa edad en que uno toma la vida tal como se presenta. En conjunto, no exige mucho de la vida, ni tampoco da mucho. Sus problemas vitales son de alcance limitado y fáciles de manejar. La madre descubre que es un placer tener al niño en casa. Es tan servicial, está siempre al alcance de la voz y mantiene a la madre informada de todas sus actividades, pidiéndole siempre permiso para hacer las cosas. Tiene formas cariñosas para demostrar cuánto adora a su madre. Una niña de cinco años que tenía algunas dificultades para aceptar las salidas de la madre lo expresó de esta forma: «Me duele el estómago. Comienzo a llorar y cuando tú vuelves, ¡oh, me siento tan feliz!». Otro niño de cinco años que trataba de ser más obediente susurró a los oídos de su madre: «Tengo una sorpresa para ti. Voy a contestar *muy bien* a todo lo que me digas».

El padre también participa del afecto del niño de cinco años, aunque raramente es el progenitor preferido. Al niño le gusta su padre, se siente orgulloso de él, quizá le obedezca mejor que a la madre, pero no aceptará un castigo del padre tan fácilmente como lo acepta de la madre. En la inseguridad de mitad de la noche, fundamentalmente quiere tener a la madre a su lado. Sin embargo, si la madre está enferma, algunos niños de cinco años que han sido remisos en construir una relación con el padre, lo aceptarán ahora. Quizá los padres no reciban tanto afecto del niño como las madres, pero, por otro lado, no reciben tanto menosprecio. Es la madre quien recibe el embate de las explosiones del niño. Es la madre a la que el niño llama «mamita bla-bla» y a quien amenaza con «Nunca más jugaré contigo. Eres una mamá mala».

Cinco demuestra tener mayor capacidad para jugar con otros. Quizá juegue muy bien con un hermano menor o mayor.

Es menos autoritario y, ahora, su actitud hacia el hermano menor es de ayuda y hasta de devoción. Se siente protector y hasta maternal. A menudo se escucha decir —con respecto a un niño de cinco años— que adora a su hermano menor. Nada le enfurece más que la amenaza de alejarlo de su hermanita. Pero la vida no siempre fluye suavemente entre hermanos. El juego dentro de casa es inferior al juego en el exterior y requiere supervisión y planeamiento. El niño de cinco años sufre momentos de celos cuando un hermano menor concentra la atención de los demás y es capaz de culpar a ese hermano de alguno de sus propios actos. Dado que se adapta tan bien a un hermano menor, los padres pasan a veces por alto el hecho de que un niño menor puede significar un esfuerzo demasiado grande para un dócil niño de cinco años.

Lo que más agrada al niño de cinco años es jugar con niños de su misma edad. Algunos prefieren los de su mismo sexo; algunos, los del sexo opuesto y otros aceptan fácilmente a ambos. Puesto que es tan hogareño, Cinco depende en grado apreciable de los niños que pueda encontrar en el vecindario. El grupo de dos es el óptimo; cuando hay tres en un grupo sin vigilancia, dos de ellos se unen, por lo general, contra el tercero. Es conveniente para los padres atenerse a la sencilla regla de que el niño puede invitar solo a un niño por vez, hasta que esté más capacitado para manejar sus relaciones con grupos, lo que sucede sólo a los siete y, más generalmente, a los ocho años. En ocasiones Cinco responde mejor a un niño algo mayor que él y llega, incluso, a tomar parte —aunque secundaria— en los juegos del grupo de la vecindad, aceptando el papel del bebé cuando juegan a la casa y retirándose cuando no desea competir con los demás. El imperioso niño de cinco años establece, por lo general, buenas relaciones con niños menores que él, que acepten sus imposiciones. Pero aun este niño tan imperioso aceptará jugar a la manera de otros niños si, parte del tiempo, éstos aceptan su propia manera de jugar.

Algunas parejas de niños de cinco a ocho años parecen incompatibles para jugar juntos; parece que no pudieran hallar elementos comunes, salvo para pelear. Estas mismas parejas quizás lleguen a ser entrañables amigos a los ocho o nueve años. Obligados a estar juntos demasiado antes de estar socialmente preparados para ello, sería como darles material de lectura complicado antes de poder leerlo. Algunos niños dóciles necesitan que se les proteja de las situaciones sociales demasiado prolongadas, porque pueden explotar salvajemente, cosa que se podría haber prevenido fácilmente si los padres hubiesen reconocido la fatigabilidad emocional de un niño de esa edad.

7. *Juegos y pasatiempos*

En general

Cuando se pregunta a un niño de cinco años: «¿Qué es lo que más te gusta hacer?», su respuesta más probable la da una sola palabra: «Jugar». Y, en verdad, lo hace bien. Tiene un control más eficiente de su cuerpo, y por lo tanto, puede jugar sin excesiva ayuda adulta. Al aumentar la edad, las diferencias de personalidad y de sexo se hacen más evidentes en la elección de los juegos por parte del niño.

Cinco demuestra un vehemente interés por los materiales usuales del parvulario. Pinta, dibuja, colorea, recorta y pega. Goza especialmente recortando figuras y es feliz cuando se le da un viejo libro de papeles pintados y una tijera. A veces, corta papeles en tiras, simplemente por el hecho de cortar. En ocasiones, pasa del papel a la tela y corta trozos de sus ropas. Todavía necesita que se le vigile cuando usa las tijeras.

Los bloques de madera continúan gozando del favor tanto de los niños como de las niñas. Éstas construyen casas para sus muñecas y proyectan situaciones personales, mientras que los niños construyen caminos, vías ferroviarias, puentes, túneles y usan sus casas para albergar tanques, aviones, camiones militares y bombas. La casa desempeña un papel importante en la conducta que el niño de cinco años evidencia en el juego. Cinco gusta de hacer casas enormes con bloques grandes, o tiendas de campaña con sillas que recubre de telas. Quiere estar en ellas, pero, en realidad, no juega en su interior una vez que ha entrado.

Los bebés constituyen otro objeto de sobresaliente interés para el niño de cinco años. Usa las muñecas como bebés. Y este interés no se limita de manera alguna a las niñas: también los niños quieren jugar a las muñecas, las visten, las acuestan y, sobre todo, las sacan a pasear en sus cochecitos. Desgraciado el niño de cinco años que anhela una muñeca para Navidad y encuentra, en su lugar, un peluche. La cultura desconoce los senderos del desarrollo pues, de otra manera, no obraría tan arbitrariamente. El interés por las muñecas es tan intenso que aparece brevemente a esta edad, incluso en niñas que más tarde despreciarán las muñecas.

El interés de Cinco por las casas se expresa también en su reproducción imaginativa de los acontecimientos domésticos. Los niños participan de este juego tanto como las niñas; pero muchos niños prefieren los juegos bélicos a las formas más suaves de juegos domésticos. El juego del hospital no es tan frecuente como a los cuatro años, y el juego de la escuela no lo es tanto como lo será a los seis.

La actividad motriz gruesa goza del gran favor de Cinco. Maneja su triciclo con velocidad y destreza y con mayor libertad, menos obstaculizado por todo el equipo de arrastre que solía remolcar a los cuatro años. Cinco se columpia, trepa, brinca, patina y salta desde cierta altura. Quizá se dedique a trepar árboles o a saltar a la cuerda. Quizá intente pruebas de acrobacia en el trapecio, e incluso caminar con zancos.

Los niños pueden ya mostrar un interés decidido por las herramientas. Su tendencia temprana hacia la destructividad, su interés por deshacer las cosas, puede expresarse ahora en el juego con herramientas.

Lectura y números

Nada agrada más a un niño de cinco años que escuchar una lectura, aunque puede pasar períodos muy largos mirando libros por sí solo e, incluso, puede fingir que lee. Prefiere cuentos sobre animales que actúan como seres humanos. Muestra una marcada afición por los primeros libros infantiles de lectura, que relatan acontecimientos de la vida de los niños. Quizás algunos niños de esta edad prefieran escuchar la lectura de las historietas del periódico, independientemente de que las comprendan o no.

Cinco está adquiriendo una mayor conciencia de los rudimentos de la lectura y de la aritmética. Se interesa por copiar letras y números. Goza jugando con sus padres a juegos sencillos de letras y números. A menudo, este tipo de interés espontáneo no encuentra satisfacción en el hogar por temor a interferir con los métodos escolares de enseñanza. La escuela bien podría reconocer que los métodos hogareños y escolares no están necesariamente en pugna y que se pueden utilizar conjuntamente con ventajas para el niño. Todo niño que demuestre en su casa este tipo espontáneo de interés, debe poder satisfacerlo.

Música, radio y cine

Cinco prefiere sus propios discos a la radio. Le gusta escucharlos una y otra vez. Le agrada una combinación de música y palabra, que relate un cuento. Quizás escuche algo la radio y muestre cierta preferencia por los anuncios, quizá por la sencilla razón de que desagradan a los adultos; a él le gustan las canciones pegadizas y las repeticiones.

Algunos niños de cinco años pueden reproducir melodías en el piano. Aprenden a tocar algunas melodías familiares y tienden a repetir una y otra vez la misma canción. Quizá canten al oír sus discos, o traduzcan la música en baile. Les gusta bailar, especialmente a la hora de acostarse.

8. *Vida escolar*

Por ser tan hogareño, cinco está adaptado al hogar y listo para la experiencia de estar con niños de la misma edad, especialmente en un grupo supervisado por un adulto. Por lo general, se adapta con relativa facilidad, aunque no haya tenido experiencia escolar previa. Podrá querer que la madre le acompañe hasta la puerta de la escuela el primer día, pero no querrá que entre en el aula. Así acostumbrarse a otro adulto le resultará más fácil. Las niñas son más propensas a necesitar este apoyo continuamente, durante varios días o semanas. Un niño mayor puede sustituir a la madre hasta que el niño se encuentre en condiciones de ir solo. Viajar en un autobús escolar soluciona, a veces, este problema.

A las niñas les suele gustar más la escuela que a los niños. Éstos protestan cuando no disponen de suficiente actividad al aire libre, o cuando no disponen de «juegos de construcción». Los niños activos quizá se quejen de que «la maestra me hace hacer cosas», «la maestra me hace formar filas», o «quiero dibujar lo que me da la gana».

En general, la salud del alumno del parvulario es notablemente buena. Algunos muestran fatiga cada diez o catorce días y reciben con placer un día en casa con la madre. Con algunos niños, puede ser aconsejable planear una semana de cuatro días, con el miércoles libre, lo que deja un lapso de sólo dos días continuados, o bien una semana de cuatro días con el lunes o el viernes libre.

En ocasiones, se produce una transformación milagrosa y el niño que es «malo» en su casa se transforma en «bueno» en la escuela. La inversa también es posible, e indica, por lo general, que el niño todavía no está listo para adaptarse a una situación colectiva, a menos que se le permita y ayude a participar solo en actividades marginales del grupo.

El acarreo de cosas desde la casa hasta la escuela y desde la escuela a la casa es menor de lo que era a los cuatro años y de lo que será a los seis. Cinco lleva menos cosas consigo a la escuela, aunque quizá ansíe todavía la seguridad de un juguete favorito que luego guarda en su taquilla. Algunos llevan libros para que la maestra los lea durante la clase. De vez en cuando, Cinco lleva a casa su trabajo manual, pero está más interesado en asegurarse el reconocimiento inmediato de la maestra que en llevar su trabajo a casa para someterlo a la aprobación de la madre.

Comúnmente, Cinco no es comunicativo respecto de su vida escolar. Puede contar que otro niño le golpeó o le pellizcó, que la maestra le hizo hacer tal o cual cosa. La madre y la maestra se beneficiarán por igual comunicándose ocasionalmente por teléfono, con respecto a algún episodio que pueda haber sucedido en la casa o en la escuela.

Al llegar a la escuela, Cinco va directamente hacia su aula y su maestra. Necesita alguna ayuda para quitarse la ropa y la pide a la maestra cuando esto sucede. Sin embargo, vestirse para jugar al aire libre o para volver a su casa es algo totalmente diferente. Muchos niños no están aún en condiciones de asumir esta responsabilidad y algunos necesitan que se les vista completamente. Un niño mayor que viene en su busca para acompañarlo a casa puede hacerse cargo de esa tarea.

Cinco goza con una rutina y se adapta bien a un programa de actividades que le permite libertad de movimiento y que, aun así, mantiene el control de la serie de actividades individuales. La mañana podrá comenzar con un período de juego libre, en el cual elige juegos de construcción, carpintería, rompecabezas, pintura, colorido, arcilla o jugar a la casa. Pasa de una actividad a otra. Por lo general, completa sus tareas, aunque su atención pueda desviarse para contemplar el trabajo de otro niño, o acuda a la maestra para relatarle alguna experiencia personal o para mostrarle el producto de su trabajo. Tanto los niños como las niñas juegan a la casa, representando tareas cotidianas como el lavado de la ropa, las llamadas telefónicas, las compras y episodios ocasionales de visitas al médico. Los niños prefieren los juegos de construcción; las niñas, jugar a la casa.

Las transiciones son relativamente fáciles. Ante una palabra de aviso por parte de la maestra, Cinco da término a su tarea y, con su ayuda, ordena o guarda los materiales. Entonces está listo para la actividad siguiente, quizá un debate o un poco de música, seguido de una ligera golosina. A los cinco años, el descanso encuentra resistencia si se lo imponen; probablemente algunos niños no quieran volver a la escuela debido a eso. Algunos, sin embargo, responden y otros quizá sigan su ejemplo. Una canción o un cuento sencillos pueden ir acompañando un corto período de reposo.

El grupo goza de un período de actividad dirigida de alrededor de veinte minutos, durante los cuales puede darse término a una tarea sencilla. Este período dirigido puede utilizarse también para copiar o reconocer letras, para aprender a escribir el nombre de cada uno o para contar los objetos del aula.

Gran parte del trabajo de lectura y de números del niño de cinco años está íntimamente relacionado con sus juegos, tanto en la casa como en la escuela. Puede escoger letras mayúsculas, primero a la izquierda o a la derecha de una página, luego al comienzo de una oración. Más tarde, lee letras en combinaciones como «G-A-T-O» y pregunta qué quiere decir. Los signos despiertan un especial interés en él y quizá le guste agregar un signo a sus esculturas de bloques. Quizá agregue también letras de madera que representan a personas, como A por Ana, o S por Susana. Le agrada identificar palabras repetidas en un libro que a él le resulta familiar, tales como los sonidos que emiten los animales o algunas expresiones exclamativas. A los cinco años y medio, algunos niños fingen leer de un libro que han memorizado; a otros les gusta subrayar las palabras que conocen.

A Cinco le gusta contar objetos; dice cuántos juguetes tiene. Puede copiar números y, quizás, escribir algunos al dictado. Durante el año, aprende a identificar las diferentes monedas. Hace intentos de sumar o restar dentro de los cinco primeros números, con o sin ayuda de los dedos o de objetos. Tener «cinco años» reviste para él enorme importancia. Es más probable que diga cuántos años tiene que cómo se llama.

Al período de actividad dirigida le puede seguir un período de cuentos, momento destacado del día para Cinco, en especial cuando el cuento se teatraliza después de su lectura. Sus favoritos son los relatos de acción y de frases repetidas o redundantes, en particular los que cuentan algo sobre animales, trenes o bombas.

Al término de la mañana, tiene lugar por lo general el juego al aire libre, aunque varía según la estación y el estado del tiempo. Puesto que Cinco tiene mucha conciencia de ambas cosas, servirá de mucho disponer de una gran galería donde pueda llevar a cabo la mayor parte de sus actividades mientras haga buen tiempo. Sus juegos favoritos son el columpio, hacer esculturas con bloques grandes y los aparatos de gimnasia. A veces se programa una excursión al zoológico.

En la escuela, la mañana del niño de cinco años transcurre, por lo general, con suficiente fluidez. La condición de *aquí* y *ahora* de Cinco exige atención inmediata y, así, la maestra circula constantemente por el aula, lista para ayudar, escuchar o resolver alguna situación de emergencia, como el derrame de algún pote de pintura. Ella proporciona el escenario y los materiales para las experiencias del niño, y a ella recurre éste en busca de aprobación y afecto.

Cinco trabaja en breves estallidos de energía. La misma tendencia exhibe cuando repentinamente empuja, borra o arroja piedras o bloques. Aprenderá a inhibir los ataques impulsivos si se le enseña que «eso duele». Juega predominantemente solo, aunque le agrada estar en grupo. Pasa de una actividad a otra, por lo general completándolas. Análogamente, cambia su orientación postural: se sienta en una silla para una actividad, se pone de pie para otra, se sienta sobre el suelo o sobre una mesa para una tercera. Le desagrada que alguien toque sus materiales, pero puede ser muy servicial y entregar un objeto cuando se le pide. Algunos niños quizás necesiten que se les separe del grupo para poder jugar, pero a esta edad se les puede dejar, por lo general, en la periferia del grupo, sin llegar al aislamiento verdadero.

Normalmente la voz de la maestra se puede oír sobre la cháchara con la cual los niños se comunican mutuamente lo que están haciendo, o repiten lo que les acaba de decir el vecino. Observaciones típicas que pueden oírse son:

«Creo que ese lado está listo.»
«Voy a trabajar.»
«¿Vas a trabajar, Susana?»
«No puedo.»
«Tommy, ¿tú dijiste que no puedes?»
«Mira mi casa.»
«Mira su casa.»
«Ahora hazle el pasto.»
«Da-da-da-da; dum-dum-dum.»
«Quiero guardármelo.»

Si desean ir al baño, lo anuncian y esperan el permiso de la maestra. Cinco puede esperar hasta el último minuto; pero puede arreglárselas solo. Quizás los niños se toquen los genitales y las niñas se muestren inquietas y apoyen las manos sobre los muslos. Si Cinco se contiene demasiado, especialmente al aire libre, puede sucederle un «accidente». Un niño quizás orine al aire libre. Sin embargo, el niño de cinco años acepta la sugerencia de ir al baño antes de salir del aula a jugar.

La actividad del parvulario no es muy social. En el período de juego libre, quizá dos, tres o cuatro niños se sienten ante la misma mesa para dibujar o para modelar arcilla, pero trabajan independientemente y dejan ese lugar con toda facilidad para jugar en otra parte del aula. Agrupaciones del mismo tipo son evidentes. El juego de la casa puede mantener juntos a un número mayor durante un cierto tiempo. Hacia el final del año, se puede encontrar a dos niños colaborando en la misma construcción de bloques.

9. *Sentido ético*

La moderación de Cinco se sustenta en el hecho de que sus necesidades y las exigencias ambientales se hallan perfectamente equilibradas. El niño es parte de su ambiente y el ambiente es parte del niño. Si se piensa en el niño en estos términos, resulta más fácil discernir la calidad de su sentido ético, tan nuevo y tan provisorio que difícilmente puede calificarse como tal.

A Cinco le gusta ayudar a su madre y cumplir sus encargos. Le gusta agradar a los demás, hacer las cosas de la forma correcta, aceptada. Por lo general, no resiste un pedido con «No quiero», como lo hacía a los cuatro años; pero quizá vacile entre una negativa y una afirmativa. Puede rehusar a hacer cosas porque no sabe hacerlas o porque está demasiado ocupado para ello. En ciertas ocasiones, basta una recompensa sencilla para incitarle. Si bien es cierto que le gusta que lo elogien, su necesidad no es tan grande como lo será a los seis años. El hecho de que pida permiso o cuente lo que intenta hacer indica cuánto se ha identificado con su ambiente. A menudo, parece que necesita la respuesta a su demanda para poder comenzar lo que proyectaba.

Las decisiones no son muy difíciles, pues Cinco no tiene múltiples alternativas entre las cuales elegir y es propenso a las elecciones conformistas. Puede, sin embargo, cambiar de decisión, pues es susceptible al razonamiento y a la explicación. Y puesto que desea complacer, quizá se incline hacia el lado de sus padres. Algunos niños de esta edad son más rígidos y mediante métodos sencillos se les puede hacer adoptar una línea fija de conducta.

A menudo se dice de Cinco que es notablemente bueno, «como un ángel». Su sentido de lo bueno y lo malo —si lo tiene— no diferencia entre el bien y el mal. O bien toma su conducta como cosa hecha, o bien piensa sólo en función de sus relaciones prácticas con otras personas. Cinco es «bueno» porque quiere a su madre y desea complacerla. Cinco no quiere hacer cosas «malas», porque una conducta mala molesta a los demás y les hace sentirse incómodos. Algunos niños de cinco años se preocupan desmesuradamente si se les califica de malos; esto es para ellos peor que una paliza y quizás parezcan avergonzados por ello. Pero es posible que traten, al mismo tiempo, de eliminar compulsivamente su temor a ser calificados de malos jugando a la «escuela mala». En la «escuela mala» saltan sobre las mesas y corren alrededor de la habitación gritando —conducta que ellos consideran no aceptable en la escuela real.

Si Cinco ha hecho algo que no debería haber hecho, o que no quería hacer, o que no tenía intención de hacer en ese momento, con toda probabilidad acusará de ello a la persona más cercana. Si la madre está cerca, la acusará diciéndole: «Mira lo que me has hecho hacer». Puede acusar a un hermano, a un perro o a otro niño, si forman parte de la escena de su acción. Quizás haya en esta acusación más validez de la que se reconoce a primera vista. Cuando un niño desciende una cuesta corriendo y se encuentra con otro niño, no hay duda de que su carrera perderá seguridad y que, finalmente, caerá al suelo. El otro niño no lo ha empujado, pero su presencia distrajo la atención del primero, la que hasta ese momento se concentraba en el hecho de correr. Es muy significativo que durante los años preescolares ocurran serios accidentes cuando la madre está al lado mismo del niño, pero sin concederle toda su atención. La criatura depende de la madre cuando ella está a su lado, mientras que, de haber estado sola, podría haber desarrollado su precaución habitual y no debería lamentarse.

Cinco goza la posesión de lo que tiene. No se muestra tan ansioso, como un año atrás, por recibir regalos, ni se jacta de sus posesiones como hacía antes, lo que no quiere decir que cuide las cosas que le pertenecen.

Unos pocos niños llevan objetos escolares —juguetes o libros— a sus casas, pero los devuelven fácilmente y por propia voluntad. En la casa, quizás el niño de cinco años saque alguna cosa de la cocina, o la niña quizás desee y tome efectivamente algún maquillaje o perfume de la madre.

En general, Cinco es relativamente sincero. A los cuatro, creía sus propios cuentos fantásticos; pero, a los cinco, sabe que se burla y lo hace intencionadamente. En ocasiones, sus cuentos tienen como objeto la autoprotección aunque de forma bastante curiosa. Un niño de cinco años que llegó tarde para la cena, contó a sus padres que «un niño grande dijo que me mataría para que yo no pudiera volver a casa». Otras historias fantasiosas indican, quizá, deseos aún no satisfechos. La niña que contaba en su casa que, según la maestra, ella leía lo suficientemente bien para estar en primer grado, expresaba, evidentemente, un anhelo insatisfecho. Esa niña podría muy bien estar lista para comenzar a leer.

10. *Imagen del mundo*

Muerte y Dios

La mente del niño de cuatro años capta a menudo, con bastante facilidad, la idea de esa vasta e intangible fuerza creadora llamada Dios. En cambio, Cinco no se remonta tan alto y tiene una tendencia a colocar a Dios dentro del alcance de su mundo cotidiano. Plantea preguntas muy específicas sobre qué parece Dios, si es hombre, qué hace y dónde vive. También concibe el mundo de Dios provisto de equipo moderno y, por lo tanto, pregunta si se puede hablar con Dios por teléfono y si Dios hace coches.

Algunos niños de esta edad tienen mayor conciencia de la presencia de Dios y quizás teman que Él vea todo lo que hacen. Un niño de cinco años creía que Dios lo empujaba cada vez que se caía. Otros pueden adoptar una actitud más bien crítica respecto de Dios y de su obra, pues sienten que «Dios cometió un error cuando creó el mosquito».

Ante la muerte también se adopta una actitud relativamente positiva. Cinco parece reconocer vagamente el carácter último de la muerte y quizás hable de ella como «el fin». La persona muerta es, para él, aquella que carece de atributos vivientes. «No puede caminar, no puede ver, no puede sentir.» Le interesa la postura del soldado que cae muerto: «¿Cayó de frente o de espaldas?». Si se le dice que los muertos van al cielo, pregunta por qué no se caen.

Cinco ha relacionado los hechos de que cuando uno es viejo, muere. No le preocupa, por lo general, su propia relación personal con la muerte, o la posible muerte de quienes le rodean. Reconoce, sin embargo, la posibilidad eventual de que otros mueran y afirma solemnemente que «Cuando yo crezca, todos ustedes habrán muerto». No concibe aún su propia muerte, pero interviene de buena gana en el juego de simular la muerte ante un pretendido disparo.

Tiempo y espacio

En su sentido del tiempo, Cinco se preocupa profundamente por el *ahora*. Le resulta difícil concebir un tiempo en que él no existía, o imaginar su muerte. El tiempo es para él, en gran medida, su propio tiempo personal.

Las palabras «temporales» más comúnmente empleadas por los adultos, forman parte ahora del vocabulario del niño, quien las maneja con libertad. Sabe cuándo tienen lugar los acontecimientos diarios, en relación unos con otros. Puede responder correctamente a preguntas sobre el tiempo, como las siguientes:

«¿Cuántos años tendrás en tu próximo cumpleaños?»
«¿Qué día es hoy?»
«¿Cuál es el día en que papá está en casa todo el día?»
«¿Qué día sigue al domingo?»
«¿Qué día te gusta más?»

Muchos niños de esta edad se muestran muy interesados en el calendario y en el reloj. Unos copian los números del cuadrante y quizás los lean. Muestran un orgullo especial en poseer su propio reloj despertador, y aceptan el sonido de la alarma como hora de levantarse o de dar término a un período de juego.

El principal interés espacial se concentra —a esta edad— en lo que está *aquí*. El niño es exactamente focal, está interesado en el espacio que él ocupa de forma inmediata. Tiene escasa percepción de las relaciones geográficas; pero reconoce algunas señales específicas. Le agrada dibujar las calles del barrio en que vive y le gusta ir a cumplir encargos a la tienda más próxima. Su interés por lugares más distantes depende de sus asociaciones personales con esos lugares.

Resumen

El período de la primera niñez está próximo a su fin a los cinco años. El niño de cinco años puede no estar listo para los aspectos técnicos o abstractos de la lectura, la escritura y las cuentas, hasta dentro de otros dos años más. Pero de todos modos, ya no se cuelga a las faldas de la madre. Puede soportar y aun disfrutar el alejamiento de su hogar exigido por el parvulario. Es más reservado e independiente que Cuatro, sumergido todavía profundamente en exploraciones elementales del mundo físico y social. Cinco posee una comprensión más aguda del mundo y de su propia identidad. Recíprocamente, la sociedad le reconoce una madurez social en germinación y cada vez le ofrece más oportunidades para su desenvolvimiento en grupos. Los gobiernos fascistas no han juzgado que el niño de cinco años sea demasiado joven para vestir uniforme e incorporarse a regimientos y batallones, donde se le adiestraba para la conducta de grupo que más tarde se le habría de exigir. Cinco tiene más de «hombrecito» que Cuatro.

CARACTERÍSTICAS MOTRICES. —Cinco es más ágil que Cuatro y posee un mayor control de la actividad corporal general. Su sentido del equilibrio es también más maduro, lo cual hace que en el campo de juegos parezca más seguro y menos inclinado a tomar precauciones que Cuatro.

Cuatro puede brincar como un pato cojo. Cinco brinca sin dificultad y también salta. Se conduce con mayor confianza en sí mismo y más desenfadado. Puede superar la barra de equilibrio de 4 cm de ancho, a una altura de 60 cm o con una pendiente de 30 cm. Puede tenerse sobre un solo pie y hasta puede llegar a conservar el equilibrio de puntillas de pie durante varios segundos.

Estos signos de madurez motriz, aparte de su sentido del equilibrio bien desarrollado y de una mayor adaptabilidad social, demuestran que Cinco es un alumno más apto que Cuatro para la enseñanza de la danza y de ejercicios y pruebas físicas.

Sus actividades posturales espontáneas dan la impresión de una relativa terminación y acabamiento. En buenas condiciones de salud sus actitudes posturales muestran una gracia natural. También la facilidad y economía de movimientos se hacen presentes en sus coordinaciones más finas. Puede coger una docena de bolitas, una por una, y dejarlas caer hábilmente dentro de un frasco, en el término de unos veinte segundos, con una típica preferencia por una de las manos.

En comparación con Cuatro, Cinco muestra mayor precisión y dominio en el manejo de las herramientas. Cinco maneja bien el cepillo de dientes y el peine y sabe lavarse la cara. Cuatro necesita una vigilancia mucho mayor que Cinco en estos hechos domésticos. Cinco rehuye menos el trabajo, y esto se debe, en parte, a su mayor madurez motriz.

De igual modo, Cinco maneja el lápiz con más seguridad y decisión. Es capaz de dibujar una figura reconocible de un hombre. Sus trazos rectos muestran un progreso en el dominio neuromotor de los siguientes ejes: vertical hacia abajo, horizontal de izquierda a derecha y oblicuo hacia abajo. El vertical es el más fácil y el oblicuo el más difícil. Todavía tiene dificultades con las líneas oblicuas requeridas para copiar un rombo, pero le resulta igual copiar un cuadrado o un triángulo. Demuestra interés y hasta cierta competencia en el lavado de los platos. Cuando baila, lleva mejor el compás con la música. Todas estas habilidades motrices nos dan la pauta de que el sistema neuromotor se halla muy adelantado en su evolución. Los niños prodigiosos de la música pueden acercarse al nivel adulto de virtuosismo motor ya a los cinco años.

CONDUCTA ADAPTATIVA. —La relativa madurez motriz de Cinco se refleja en la forma libre, adaptativa, en que resuelve problemas simples que implican relaciones geométricas y espaciales. Ya no se confunde con el problema de la tarjeta de visita cortada en diagonal, y no le cuesta reorientar las dos mitades, formando un rectángulo con los dos triángulos. Resuelve los problemas planteados por el tablero de formas Goddard, correcta y expeditivamente, acomodando el movimiento a la percepción, y sólo raramente emplea el método motriz del ensayo y el error, todavía frecuente en Tres y Cuatro. Puede insertar sucesivamente una serie de cajas, unas dentro de otras, realizando inmediatamente juicios prácticos respecto del orden de sucesión y orientación.

Otras habilidades características descansan sobre una capacidad comparable de percepción de orden, forma y detalle. Es capaz de guardar sus juguetes de forma ordenada. Cuando hace el dibujo de un hombre, éste muestra diferenciación en las partes y cierto aspecto de cosa terminada, desde la cabeza hasta los pies. Al dibujo incompleto de un hombre le agrega ojos e incluso orejas. Es caso de dibujar una bandera, traza el asta, las franjas y las estrellas: es realista.

Resulta significativo que en sus juegos le guste terminar lo que ha empezado. Cuatro es mucho menos sensible a lo incompleto e inconcluso. Cuatro es impertinente y suele irse por las ramas. Tanto en la actividad mental como en la conversación, Cinco muestra mayor acabamiento y autocrítica.

También en la captación de números Cinco hace gala de una mayor discernimiento. Mientras que Cuatro sólo tenía los conceptos de *uno*, *dos* y *muchos*, Cinco puede contar inteligentemente diez objetos, y es capaz de hacer algunas sumas simples y correctas dentro de la magnitud de su edad (cinco). Además, sabe decir su edad.

En Cinco, el sentido del tiempo y de la duración se hallan más desarrollados. Sigue la trama de un cuento y repite con precisión una larga sucesión de hechos. Es capaz de llevar a efecto un plan de juego programado de un día para otro, lo cual se halla correlacionado con una apreciación más vívida del ayer y el mañana. Manifiesta un recuerdo más claro de lugares remotos y un interés más preciso por ellos. Más aún, es capaz de recordar una melodía. Y cuando pinta o dibuja, la idea siempre precede a la obra sobre el papel.

Esta relación entre idea y ejecución es mucho más ambigua en Cuatro. En verdad, Cuatro suele ponerle dos o tres nombres diferentes al mismo tiempo. El arco psicomotor de Cuatro es más fluido y permeable en ambas direcciones. Cinco es más ejecutivo, más sensato, más exacto, más responsable, más práctico. Es, en suma, más adulto.

En Cinco existe una vena de seriedad que lo torna menos inclinado a las fábulas fantásticas y a los grotescos cuentos de hadas que otros niños de mayor madurez cuyos pies están firmemente sobre el suelo. Siempre está listo y ansioso por conocer realidades, pero no se halla igualmente dispuesto para la doble tarea de discernimiento que le impone lo excesivamente novelesco. Su modo de dibujar refleja el mismo realismo. Con el primer trazo del lápiz ya apunta a un objetivo definido, mientras que Cuatro (como Polonio con las nubes) va cambiando su interpretación del dibujo a medida que éste progresa, dándole nombres distintos según conviene a los trazos, *después* de que éstos hayan sido ejecutados. Esta diferencia entre ambos condensa un significativo progreso intelectual. Agréguese a este apego al realismo un aumento de su capacidad de atención, y quedarán explicados muchos de los rasgos distintivos de la psicología de Cinco. Aunque intelectualmente parece bien orientado, el examen cuidadoso de sus juicios y nociones verbales revela sorprendentes formas de inmadurez en su pensamiento.

LENGUAJE. —También en el lenguaje, Cinco está mucho más adelantado que Cuatro: habla sin articulación infantil. Sus repuestas son más sucintas y ajustadas a lo que se pregunta. Sus propias preguntas son más escasas y serias. Cuando pregunta, lo hace para informarse y no simplemente por razones sociales o para practicar el arte de hablar. Lejos de ser un aprendiz experimental en este arte, sus preguntas son perfectamente razonables: «¿Para qué sirve esto?», «¿Cómo funciona esto?», «¿Qué quiere decir eso?», «¿Quién los hizo?» (refiriéndose a los objetos de prueba).

Las preguntas de Cinco resultan menos molestas que las de Cuatro, porque tienen más sentido. Cinco tiene verdaderos deseos de saber. Sus preguntas y respuestas revelan un interés por los mecanismos prácticos del universo. Cinco es pragmatista. Sus definiciones están hechas en función utilitaria. *Un caballo es para andar; un tenedor, para comer*. Los cuentos de hadas con un exceso de irrealidad le molestan y confunden. Cinco es serio y empírico. Su imaginación no tiene las alas que tenía un años atrás o que desarrollará algunos años más adelante. Cinco ve y escucha los detalles. Esto se muestra por sí solo en el lenguaje. Es capaz de aislar una palabra y preguntar su significado, en tanto que CUATRO reacciona frente a la frase entera, incapaz de analizar las palabras componentes.

En esencia, el lenguaje ya está completo en estructura y forma. Cinco ha asimilado las convenciones sintácticas y se expresa con frases correctas y completas. Usa toda clase de oraciones, incluyendo oraciones complejas con oraciones subordinadas hipotéticas y condicionales. El uso de las conjunciones es algo más libre que en Cuatro, pero en general la frecuencia relativa de los elementos gramaticales es igual para Cuatro. El vocabulario se ha enriquecido con varios centenares de palabras (1.500 para Cuatro, contra 2.200 para Cinco, como término medio); el uso es más preciso y mucho más depurado. Cinco sigue los hábitos lingüísticos más que el curso ingenuo del pensamiento que determina el orden de las palabras en Dos.

Cuatro es algo más literal y concreto que Cinco. Habiendo oído decir de un par de guantes que «uno» era tan bueno como el «otro», Cuatro quiso saber cuál era el uno y cuál era el otro. Cinco es capaz, en cambio, de la abstracción necesaria. El siguiente diálogo muestra también que Cinco tiene todavía un pie en los Cuatro cuando de cerebración abstracta se trata:

CUATRO: Yo sé que Poncio Pilatos es un árbol.

CINCO: No, Poncio Pilatos no es un árbol.

CUATRO: Sí, era un árbol, porque ahí dice: «Él sufrió bajo Poncio Pilatos», así que tiene que ser un árbol.

CINCO: No; estoy seguro de que Poncio Pilatos era una persona y no un árbol.

CUATRO: Yo sé que era un árbol, porque él sufrió bajo un árbol, un árbol muy grandote.

CINCO: No, no; era una persona, pero una persona muy «*poncioñosa*».

El juego teatral de Cinco rebosa de diálogo y comentarios prácticos relacionados con los acontecimientos cotidianos del trabajo, la cocina, el almacén, el transporte, el garaje. Un niño inteligente de cinco años puede llegar, incluso, a dramatizar los fenómenos naturales, haciendo intervenir al sol, la luna, las estrellas, el viento, las nubes, etc., como personajes. El diálogo tiene papel preponderante en estas personificaciones, lo cual constituye más un esfuerzo por aclarar las ideas y captar relaciones mediante las palabras que una pura complacencia en la ficción. Incluso las representaciones de la muerte, la violencia, las enfermedades, operaciones litúrgicas y accidentes carecen de contenido emocional, ajustándose a los hechos.

La preocupación por las situaciones colectivas en el grupo de juego refleja un esfuerzo intelectual por comprender la organización social. Pero mucho de lo que dice es, en esencia, una forma de «monólogo colectivo» y no está dirigido a las relaciones causales o lógicas. Hasta la edad de Siete, o más tarde aún, no aparecen estas relaciones en la conversación. El genuino intercambio de ideas permanece limitado. Aunque Cinco va en camino de aclarar el mundo donde vive mediante el uso discriminatorio y hasta analítico de las palabras, su pensamiento se halla tan ceñido a su propio ser que no puede suprimir su punto de vista, ni siquiera provisoriamente, a fin de poder comprender por reciprocidad el punto de vista de los demás. Distingue la mano derecha y la izquierda en su propia persona, pero no en las demás personas. También le falta capacidad sintética. Necesitará llegar a Siete, o más, antes de entender el simple mecanismo de una bicicleta y de comprender por qué no puede andar sin pedales, cadena y engranajes. Carece del poder de razonamiento explícito. No hace distinción alguna entre lo físico y lo psíquico; confunde la causalidad física con la motivación psicológica. Es tan egocéntrico (en el sentido de Piaget) que no tiene conciencia de sí mismo ni noción de su propio pensar como un proceso subjetivo independiente del mundo objetivo. De aquí su animismo. De aquí su inocencia intelectual, profundamente primitiva, a despecho de la engañosa madurez y facilidad en la gramática y el lenguaje.

CONDUCTA PERSONAL-SOCIAL. —Dentro de su capacidad, Cinco goza de una independencia y una facultad de bastarse a sí mismo relativas. Fácilmente podríamos imaginarnos un pueblecito liliputiense de niños de cinco años que se gobernase a sí mismo, con sólo un grado de moderado control externo. Cinco ya está lo bastante maduro para adaptarse a un tipo simple de cultura. (Quizá sea por esta razón que la expresión «hombrecito» lo caracteriza con toda propiedad.)

En su casa es obediente y se puede confiar en él. Normalmente, es muy poco el trabajo que da para dormir, ir al baño, vestirse o cumplir las obligaciones cotidianas. Le gusta barrer, y lavar y secar los platos. Con los compañeros de juego más pequeños que él y con los hermanitos se muestra protector. En los hogares de pocos recursos, Cinco demuestra, frecuentemente, una notable competencia y responsabilidad en el cuidado de un bebé.

Si se pierde en una gran ciudad, sabe decir su nombre y dirección, y mientras lo van a buscar, juega a las damas con el agente de policía. Los adultos a veces se admiran de su «calma». Si manifiesta indiferencia frente a situaciones luctuosas o trágicas, es sólo porque su organización emotiva se halla limitada por un autoembebecimiento, ya señalado en sus reacciones intelectuales. No conoce algunas emociones complejas, puesto que su organización es todavía muy simple. Pero en situaciones menos complicadas, da claras muestras de rasgos y actitudes emocionales llamativos: seriedad, determinación, paciencia, tenacidad, cuidado, generosidad, sociabilidad manifiesta, amistad, equilibrio, orgullo en el triunfo, orgullo de la escuela, satisfacción en la producción artística y orgullo en la posesión. Tiene cierta capacidad para la amistad. Juega en grupos de dos a cinco niños con una nueva sociabilidad. También juega con sus compañeros imaginarios. Durante las comidas se muestra muy sociable y hablador. Disputa menos que Cuatro. La rivalidad lo acicatea, impulsándole a una mayor actividad. Pero es tratable y muestra una docilidad positiva. De su lenguaje surge, incluso, una vena de cordialidad y tacto.

El triciclo y el monopatín son los juguetes favoritos para la calle. En la casa, lo son el lápiz y las tijeras, cada vez con más atractivos. Su horizonte se ensancha; le gusta ir de excursión y a veces llega a realizar colecciones de objetos.

Cinco, aún más que Cuatro, prefiere el juego asociativo a los juegos de tipo solitario y paralelo. Los compañeros le atraen decididamente y le gustan las empresas en conjunto, dedicándose a la construcción de casas, garajes y estaciones, y a proyectar «ciudades» enteras. Aunque carece todavía de una apreciación depurada de la cooperación, demuestra sensibilidad ante las situaciones sociales. Le gusta la ropa. Le gusta disfrazarse. Le gusta impresionar a sus compañeros. También empieza a darse cuenta de que estos compañeros a veces hacen trampas en los juegos. Y a su vez, él mismo comienza a fraguar ligeros engaños y fruslerías. Posee un sentido elemental de la vergüenza y la deshonra, y también de su posición relativa. Tiene mayor conciencia que hasta ahora de las diferencias culturales o de otra índole entre los dos sexos. Es susceptible de ansiedad y temores «irracionales», pero más típica de su vida emocional es la estabilidad y una buena adaptación, del mismo modo que en el aspecto intelectual. La seguridad en sí mismo, la confianza en los demás y la conformidad social son los rasgos personal-sociales cardinales a los cinco años.

Capítulo 2
EL NIÑO DE SEIS AÑOS

Perfil de conducta

«¡Este niño ha cambiado!» Más de una madre ha proferido, pesarosa, esta exclamación cuando su hijo comenzaba a perder las características angelicales de los cinco años. «¡Este niño ha cambiado, y no sé qué le ha entrado!»

Hay cierta perplejidad respecto a este cambio. A los cinco años era un niño tan bien organizado, cómodo consigo mismo y con el mundo. Pero ya a los cinco y medio comenzaba a ser impetuoso y combativo en algunos modos de conducta, como si hubiera declarado la guerra a sí mismo y al mundo. En otros momentos se mostraba vacilante, perezoso, indeciso, y luego, una vez más, sobreexigente y explosivo, con arranques extrañamente contradictorios de afecto y de antagonismo. En otros momentos, claro está, se mostraba perfectamente delicioso y sociable. «Pero yo no puedo entenderlo. ¿Qué le ha entrado?»

¡Quizá nada más y nada menos que los seis años!

El sexto año de vida (aproximadamente) trae consigo cambios fundamentales, somáticos y psicológicos. Es una edad de transición. Están desapareciendo los dientes de leche, aparecen los primeros molares permanentes. Incluso la química del cuerpo del niño sufre cambios sutiles que se reflejan en un aumento de la susceptibilidad a las enfermedades infecciosas. La otitis media alcanza su apogeo; con frecuencia surgen dificultades de nariz y de garganta. A los seis años, el niño no es tan robusto ni tan sano como a los cinco. Se producen otros cambios evolutivos de importancia, que afectan a los mecanismos de la visión y a todo el sistema neuromotor.

Estos cambios se manifiestan en nuevos —y, a veces, sorprendentes— rasgos psicológicos; rasgos que comienzan a hacer su aparición a los cinco años y medio, como se señalará al enumerar los rasgos de madurez. El niño de seis demuestra que no es sólo un niño de cinco, mejor y más grande. Es diferente, porque es un niño que cambia. Está atravesando una etapa de transición, similar a la paradójica etapa de los dos años y medio. Tiene también mucho de la fluidez y rectitud de los cuatro años. Combínense las paradójicas y lábiles cualidades de los dos años y medio con las de los cuatro y medio, y se tendrá un anticipo de los rasgos de madurez de los seis años.

En la descripción de estos rasgos destacaremos aquellos que distinguen a un niño de seis de uno de cinco. El lector comprenderá que los rasgos psicológicos no descienden sobre el niño en repentina acometida. Los colores del espectro evolutivo se esfuman unos en otros pasando por gradaciones imperceptibles. Ahora bien, para pintar un retrato de madurez, vívido y utilizable, mojaremos el pincel allí donde el pigmento sea más fuerte. Con esta demanda de excusas trataremos ahora de hacerle justicia evolutiva al niño de seis años, recordando que tal justicia tiende a salvar el abismo entre ángeles y demonios.

El sistema de acción del niño está sufriendo ahora cambios de crecimiento comparables, en su medida, a la erupción de los molares del sexto año. Surgen nuevas propensiones; nuevos impulsos, nuevos sentimientos, nuevas acciones, acuden literalmente a la superficie debido a profundos desarrollos del sistema nervioso subyacente. Estos múltiples cambios se remontan quizás a incrementos psicológicos lentamente desarrollados a través de millares de años, en la remota prehistoria de la humanidad. En el individuo, la esencia de los incrementos raciales se apiña en el breve espacio de meses y años. El niño de cinco años ha incorporado ya una parte fundamental de la herencia racial. El de seis está abriéndose paso en una zona ulterior. ¡Esto es «lo que le ha dado»!

La herencia psicológica, sin embargo, no viene envuelta en porciones bien definidas. Se presenta en forma de tendencias de conducta y de fuerzas dinámicas que deben conciliarse y organizarse dentro de un sistema de acción total. Lleva tiempo organizar y equilibrar tendencias conflictivas, tales como las que brotan en el sexto año de vida. Algunos conflictos son el acompañamiento normal del progreso evolutivo, de modo que podemos adoptar una visión constructiva y optimista de las dificultades evolutivas que encuentra el niño de seis años.

A esta edad, el niño tiende a los extremos: bajo tensiones ligeras, cuando quiera que trata de utilizar sus poderes más recientemente adquiridos. Como organismo que crece activamente, está penetrando en nuevos campos de acción. Las nuevas posibilidades de conducta parecen presentarse por partes. El niño se encuentra, a menudo, bajo la compulsión de manifestar primero uno de los extremos de dos conductas alternativas, y luego, muy poco después, el extremo exactamente opuesto. Los diametralmente opuestos ejercen sobre el niño igual atracción, porque ambas propensiones han llegado a la escena hace muy poco tiempo y él carece aún de experiencia en su manejo y en su significado. Le resulta difícil elegir entre dos opuestos que compiten con tal paridad de fuerzas.

Lejos de su casa, le puede resultar abrumadora una pregunta tan sencilla como: «¿Tomarás helado de chocolate o de vainilla?». Elección difícil, y decisión que no será definitiva ni siquiera después de haber sido adoptada, pues un niño inmaduro no puede eliminar fácilmente la alternativa opuesta: no renunciará por completo a la vainilla después de haber elegido el chocolate. Decisiones que eran fáciles o sumarias a los cinco años se ven ahora complicadas por nuevos factores emocionales, pues el niño *está creciendo*. La complicación significa incremento de madurez. La incapacidad de decidir significa inmadurez, si nos permitimos una distinción paradójica entre madurez e inmadurez.

Dejemos que un poema de Edna St. Vincent Millay atestigüe la duplicación de las siguientes situaciones vitales a los seis años de edad:

¡Entra pues, niña!
¡O bien quédate fuera!
Pero ella se demora en la puerta abierta
Y se muerde los labios y se tuerce las manos
Y me mira con ojos turbados:
«¡Madre, me dice, no puedo decidir,
No puedo decidirme!».

A los dos años y medio, el niño exhibe análoga dificultad para manejar ideas opuestas: para decidir entre *sí* y *no*, *ven* y *vete*, *rápido* y *lento* y muchos otros *hazlo* y *no lo hagas*. El niño oscila entre dos posibilidades, y elige la errónea; o bien, en rápida sucesión, elige la errónea, luego la correcta, luego otra vez la errónea y finalmente la correcta; se demora o llega a un atolladero, confundido por las dobles posibilidades. Es casi como si viera dos imágenes y le agobiara su incapacidad de suprimir una de ellas para obtener una visión sencilla y clara. Nuestro niño de seis años sufre de análoga (y análogamente temporal) duplicidad evolutiva. Sufre de bipolaridad: una zigzagueante conciencia de ambos extremos de un dilema.

El niño manifiesta su bipolaridad en muchas formas diferentes. Vuela raudo de uno a otro extremo. Llora, pero su llanto se convierte fácilmente en risa, y su risa, en llanto. Se acerca a la madre y le dice: «Te quiero», pero al instante siguiente quizás le diga: «Te odio, te castigaré». Le gruñirá lo mismo a un extraño. En realidad, si observamos la superficialidad psicológica de sus impetuosas verbalizaciones, de sus epítetos (¡Roñoso!), de sus irreverencias (¡Al diablo! ¡Burro!), podemos reconocer, con una sonrisa de comprensivo humor, que existe cierta ingenuidad en su locura. Debemos desalentar sus irresponsabilidades y, sin embargo, reconocer que esta intensidad y estos impulsos belicosos son para él nuevas experiencias. En ocasiones, parece empeñado en definir lo que *no* se debe hacer, haciéndolo.

Por cierto que es tan inexperto en el manejo de relaciones humanas complejas como lo fue en otra época en llevarse la cuchara a la boca. Con frecuencia, yerra el blanco. Obsérvesele en sus relaciones sociales con su hermanita: puede ser muy bueno con ella y, también, muy malo, ambas cosas en la misma tarde o en el transcurso de media hora. Puede ser erróneo atribuir su maldad a simple perversidad, e incluso a los celos. Nos hallamos aquí frente a una dinámica general de la conducta, que implica vacilación y falta de integración. Las inconsecuencias de la conducta de los seis años, su tendencia a salir y entrar como una exhalación, su tendencia a cerrar las puertas con golpes, sus agresiones verbales, sus intensas concentraciones, sus abruptas terminaciones, sus ataques explosivos frente a ciertas situaciones, están cortados por el mismo patrón. Una característica sobresaliente de los seis años es su escasa capacidad de modulación. Pero no necesitamos desesperar: esa capacidad mejorará con la ayuda de la cultura y del tiempo.

Su dificultad para distinguir entre posibilidades opuestas no se limita a situaciones de naturaleza emocional o ética. En sus primeros esfuerzos por copiar las letras del alfabeto, el niño se muestra propenso a invertirlas. La *B* mira hacia atrás. Su tendencia a las inversiones puede relacionarse con su inclinación hacia la simetría en espejo. Le gustan los pares: 2 y 2 son 4 es más fácil que 2 y 1 son 3. El niño puede jugar con un compañero más fácilmente que con dos. En un juego abunda el sentido de la reciprocidad, de «esto por aquello»: yo te doy un regalo, tú me das un regalo. Tú me empujas, yo te empujo.

La vida está cargada de posibilidades dobles para todos nosotros, incluso después de que hayamos crecido. En nuestra compleja cultura, el niño de seis años se encuentra en una fase del desarrollo en la cual estas alternativas le acosan de forma abrumadora. Se le presenta un dilema cuando debe mediar entre opuestos. Cuando hace algo equivocado, le llaman malo, sin embargo no sirve de nada preguntarle por qué ha sido malo: el niño no ha hecho aún una distinción clara entre bueno y malo. No está plenamente orientado. Se halla en un territorio nuevo. No tiene dominio de sus impulsos motores ni de sus relaciones sociales. A los cinco años, las percepciones y las capacidades mantenían mejor equilibrio. A los seis años, el niño percibe muchas más cosas de las que en realidad puede manejar. Sus diferenciaciones son a menudo excesivas (va a los extremos), o bien insuficientes. Es excesivamente enfático, o bien vacila y se demora, o intenta cosas demasiado difíciles para él. Quiere ser el primero. Siempre quiere ganar. En el patio de juegos, esto le hace peleador y acusador. Con todo, lo que más ansía es cariño. Para Navidad, quiere muchos regalos, pero no sabe exactamente qué tipo de regalos. Es tan activo y está tan dispuesto a adquirir nuevas experiencias que probablemente sus modales sean precipitados y fragmentarios: un rápido «Entra» o «Gracias», pero nada de prolongada deferencia o formalidad al dar la mano. Para decirlo con las profundas palabras de una poetisa de sólo seis años:

El señor Alboroto; el señor Alboroto
Siempre olvidaba decir: «¿Cómo está usted?».
El señor Bahtot se quitaba el sombrero
Y decía: «¿Cómo está usted, señor Alboroto?».

De aquí se deduce que una fiesta de cumpleaños limitada a niños de seis años no es un modelo de decoro. Aun bajo supervisión adulta y con un plan bien detallado, la reunión tiende a convertirse en una caleidoscópica mescolanza de actividades de alta presión: breves amabilidades a medida que llegan los invitados, ardiente manotear de regalos, excitado intercambio de agasajos en el que cada uno espera el primer premio, bullentes amenazas, contiendas y alboroto, con interludios de silencio provocados por los helados. No hay otra edad en la cual los niños muestren tan insistente interés por las fiestas; ni hay, quizás, otra edad en la cual sean menos competentes para producir una fiesta que se avenga a los ideales adultos del decoro. Es característico de los seis años que su afán no sea conmesurable con su capacidad, especialmente cuando el niño se halla sometido a un esfuerzo social. Un observador filosófico advertirá signos de conducta constructiva, de adaptación, incluso en las confusiones y difusiones de una fiesta muy animada. Un padre prudente limitará de antemano la complejidad de la fiesta.

Una maestra de escuela primaria apreciará en tal fiesta un despliegue de las mismas copiosas energías con las que ella debe habérselas diariamente en su trabajo de orientar a un grupo de alumnos de primer grado. El aula representa la herramienta y la técnica mediante las cuales nuestra cultura trata de encauzar esas frondosas energías. Afortunados aquellos niños confiados a una maestra capaz de interpretar sus ebulliciones como síntomas de un proceso de crecimiento necesitado de hábil dirección. Tal maestra crea en su aula una alegre atmósfera de tolerancia y seguridad que resulta hospitalaria para cierta cualidad dramática del niño de seis años.

¿Qué queremos decir con cualidad dramática? No una ficción artificial, teatral, sino una tendencia natural a expresar y a organizar la nueva experiencia mediante reacciones musculares francas. El cuerpo joven de un niño sano de seis años es flexible, sensible, atento. El niño reacciona con todo su sistema de acción. No sólo sonríe —se podría decir que baila de alegría—. Llora copiosamente cuando se siente desgraciado; patalea y se sacude de pesar. Incluso mientras duerme, todo su organismo toma parte en sus sueños. De ahí el trágico despertar de sus pesadillas, que alcanza su apogeo a la edad de seis años. Durante la vigilia diurna, ensaya y desecha estados de ánimo con facilidad. Utiliza posturas corporales, gestos y palabras para expresar emociones e ideas que están tomando forma dentro de él.

Debemos recordar que el niño de seis años no trata simplemente de perfeccionar habilidades que ya poseía a los cinco años. La naturaleza agrega una medida a su estatura psicológica. El niño se adentra en dominios completamente extraños de la experiencia; usa sus músculos, grandes y pequeños, para explorar nuevos caminos.

La autoactivación dramática es, al mismo tiempo, un método de crecimiento y de aprendizaje. Es un mecanismo natural mediante el cual el niño organiza sus sentimientos y sus pensamientos. Pero la tarea es demasiado grande para él solo. La escuela es el instrumento cultural que debe ayudarle a ensanchar y refinar sus autoproyecciones dramáticas. Instintivamente, el niño se identifica con todo lo que sucede a su alrededor, hasta con las figuras y las letras de su libro y con los números de la pizarra. Tal como para aprender a conocer las propiedades de una pieza de un juego de construcción debe recogerlo, tenerlo en la mano y manejarlo, de igual manera debe proyectar sus actitudes motrices y mentales sobre las situaciones vitales. Las emociones no son fuerzas amorfas, son experiencias estructurales. La función de la escuela es proporcionar experiencias personales y culturales que organicen, simultáneamente, las emociones crecientes y las imágenes intelectuales con ellas asociadas.

Como es natural, esto sólo se puede llevar a cabo eficazmente mediante programas y proyectos que pongan en funcionamiento la propia actividad del niño. Éste no aprende mecánicamente, de memoria, sino por participación y por una especie de autoactivación creadora. La maestra lo lleva, junto con sus compañeros, a visitar el zoo. Los niños discuten la visita después de un intervalo de asimilación. Como individuo y como miembro de un grupo de niños de seis años, traduce su experiencia construyendo con piezas una jaula. Proyecta con el grupo recrear parte de su experiencia mediante una representación dramática. Con todos estos medios de expresión pone en claro significados y relaciones. Las oportunidades de análoga asimilación dramáticas son innumerables: *pantomima* de acciones sencillas (estoy poniendo la mesa); *representación de estados de ánimo* (un niño perdido, un niño cansado); *cuadros vivos y sketches dramáticos improvisados* (vida en la casa y en la escuela); *teatralización de cuentos de argumento sencillo* (*Los tres cerditos* y sencillas obras para teatro de títeres). La mentalidad común de los seis años aún no está preparada para una instrucción puramente formal de lectura, escritura y aritmética. Sólo es posible infundir vida a estos temas asociándolos a actividades creadoras y a experiencias vitales de índole motriz. Esta expresión dramática espontánea no se debe confundir con funciones teatrales ensayadas o con juegos teatrales formales del parvulario. Se trata de una forma evolutiva de la autoexpresión que se debe hacer surgir sin premeditación y mediante ingeniosos recursos indirectos. Una vez que una maestra ha captado este principio fundamental, puede establecer una relación de deleite mutuo entre ella y sus alumnos.

Para el niño no aventajado, una escuela bien dirigida es el refugio ideal. Para el niño que comienza a asistir a la escuela, la maestra comprensiva se convierte en una especie de madre auxiliar en la cual el niño fija su afecto. La maestra no desplaza a la madre, ni aspira a convertirse en su sustituta, pero refuerza el sentimiento de seguridad del niño en el mundo extraño que se extiende más allá de su casa. El niño extrae nueva confianza de este mundo de la bienvenida y de la seguridad que diariamente le brinda la maestra, de la pura satisfacción que significa la ampliación de su experiencia y de la protección que significa un ambiente parcialmente normalizado.

El niño no desea que este ambiente se aparte mucho de su esquema fijo conocido. Le gusta realizar algunas tareas sociales rutinarias. Debe asimilar tantas experiencias nuevas que prefiere señales psicológicas fijas, invariables. Tiene inclinación por los rituales y las convenciones que se repiten con seguridad todos los días. Prefiere ver a su maestra en el lugar acostumbrado cuando comienza el programa del día. (A veces puede incluso lamentarse pasajeramente si la maestra cambia una cinta de su atavío o modifica su peinado.) Desea vehementemente conservar algunos puntos fijos dentro de su universo mental, quizá porque hace constantemente nuevos descubrimientos.

Es fácil olvidar que este joven descubridor debe adaptarse a dos mundos: el mundo de su casa y el mundo de su escuela. La escuela ofrece ciertas simplificaciones y controles colectivos de los que carece la casa. El anclaje emocional del niño permanece en la casa, pero en la escuela debe adquirir un conjunto modificado de amarras emocionales. Las dos orientaciones no son intercambiables y tampoco son miscibles. Inexperto como es en modulaciones emocionales, el niño de primer grado no siempre puede desplazarse con facilidad dentro de ambos mundos. Una visita extemporánea de su madre a la escuela, una misteriosa conversación entre la madre y su aterradora nueva maestra, pueden producir alguna confusión de imágenes y de actitudes. A menudo resulta ya suficientemente difícil hacer la transición cuando ambos mundos están físicamente separados. Por la mañana, el niño puede tener dificultades para separarse de su madre; quizá sufra bromas durante el viaje a la escuela, pues el principiante de seis años es una víctima fácil de los sustos y las burlas de los veteranos de ocho, nueve y diez años. (Quizá le saquen la gorra o le hagan objeto de agresiones verbales.) Y las nuevas costumbres de la escuela le pueden parecer tan rudamente extrañas que lo confundan y lo desorienten.

Padres, maestros y administradores de escuelas quizá no tengan conciencia del complejo de factores inherentes y ambientales que pueden minar la moral del niño que ingresa en la escuela. Algunas veces, la transición es tan desatinada que produce síntomas gastrointestinales y severas reacciones emocionales. Aquí es donde cuentan las diferencias individuales: los que más sufren son los niños sensibles e inmaduros. Las dificultades de adaptación se exacerban si la maestra posee una personalidad triste, disciplinaria, si los métodos de instrucción son desmedidamente rígidos y conceden importancia excesiva a la eficiencia académica, a las cualidades competitivas y a las calificaciones. En algunos de estos casos las tensiones del ingreso en la escuela significan un lastre tan anormal para el niño, que su salud mental paga un enorme tributo. El ingreso en la escuela no es una tradición sencilla y debería estar atemperado por disposiciones flexibles en cuanto a asistencia y programa.

Muchas tensiones, sin embargo, son normales, innatas al progreso mismo de desarrollo del niño. Por paradójico que pueda parecer, la bipolaridad transitoria de los seis años hace de ésta una edad favorable para lograr transiciones psicológicas. La sociedad ha sancionado los años sexto y séptimo de la vida para una significativa incorporación a los estratos superiores de la cultura. La incorporación no puede postergarse indefinidamente, porque el niño debe trascender las limitaciones de la casa y también los estratos primitivos de su propia dotación psicológica. La especie evoluciona: el niño crece.

Ya hemos mencionado ciertas características primitivas observables en los rasgos de madurez del niño de seis años. Estos rasgos caracterizan vagamente al niño como impulsivo, poco diferenciado, voluble, dogmático, compulsivo, excitable. Sus dibujos espontáneos son crudos, más realistas, y su representación de la acción, del cielo y la tierra y del diseño ornamental recuerdan en ocasiones las manifestaciones gráficas del hombre primitivo. Le gusta dibujar una casa con un árbol al lado. Animales salvajes, oscuridad, trueno, rayo, fuego, figuran entre los temores y los sueños del niño de seis años. Tanto niños como niñas se sienten ingenuamente orgullosos de perder sus dientes y muestran una fe fácil en hadas o enanos dentales, en duendes y en otros agentes sobrenaturales.

Si bien sus procesos intelectuales son concretos y hasta animistas, el niño de seis años es susceptible a los símbolos semiabstractos, a los encantamientos y a los conjuros. Recuérdese, si no, la versión moderna de la magia primitiva en la cual el progenitor mágico cuenta 1, 2, 3, 4, 5, 6, 7, con la implícita convención de que al llegar al número 7 el niño obediente hará lo que se exige de él. La magia da resultados. No se basa en la pura credulidad; aun en los tiempos primitivos, la magia estaba próxima a la ciencia. La enumeración deliberada, que puede acortarse o alargarse según las necesidades, brinda al niño un punto de apoyo y una oportunidad de movilizar el ajuste que no puede lograr mediante su propia volición, sin ayuda. Como cualquier otro recurso de orientación, debe usarse con prudencia, pero es un truco muy eficaz para vencer el efecto obstaculizador de la bipolaridad del niño.

En última instancia, la casa y la escuela no se apoyarán tanto en la magia como en la utilización de las potencialidades dramáticas del niño de seis años para conducirle hacia nuevas formas de dominio de sí mismo. La autoproyectividad dramática es uno de los rasgos de madurez más significativos del niño de esta edad, que dispone de ella en todo momento. Mediante ella, el niño mantiene sus contactos espontáneos con la cultura; también, mediante ella, la cultura se apodera del niño y le dirige hacia nuevas participaciones y anticipaciones. Gran parte de la influencia ambiental proviene de la imitación automática y de la sugerencia incidental, ambas relacionadas con las cualidades dramáticas del niño. El proceso total de asimilación —dirigida y no dirigida— mediante el cual el niño adquiere sus formas de vida se llama *aculturación*.

Dado que desempeña una parte en el proceso, el niño no se convierte en una mera ficción de la cultura. Mediante sus proyecciones, representativas e interpretativas, el niño no se limita al mero reproducir de porciones de la cultura; hace una nueva apreciación de sí mismo y se reorganiza en relación con la cultura. Comienza a verse a sí mismo y a ver los opuestos bipolares dentro de sus contextos sociales. De esta forma, sienta las bases para la autovaloración y para las apreciaciones, que alcanzarán plena floración en el séptimo y octavo años. El escenario social del aula escolar es indispensable para este proceso de autoorganización. Sus actividades creadoras individuales, su participación en empresas colectivas y su contribución a la planificación colectiva brindan al niño una escala de valores. Encuentra que en una escuela democrática no puede ir demasiado lejos en la pura autoexpresión. Debe tener consideración hacia los demás. Es divertido hacer reír a los demás y quizá dirigirlos, pero también es divertido ver de qué son capaces los otros. Y todo el mundo comete errores, incluso él mismo. De manera que, lentamente, el niño construye esa capacidad social para percibir la proporción y la desproporción que constituye la esencia del sentido común y que es, también, parte del salvador sentido del humor.

Sabemos de una maestra* que emplea una técnica atractiva —aunque oculta— para educar este valioso sentido que todos los alumnos de primer grado deberían desarrollar. Terminado el almuerzo de mitad de la mañana, sus niños se tienden sobre las alfombras para un breve descanso, con las persianas bajadas. Con los ojos chispeantes, la maestra abre entonces una libreta y lee en ella una reproducción textual de lo que los alumnos han dicho y hecho en anteriores discusiones conjuntas para proyectar alguna actividad, tal como el viaje al zoo. Recostados y cómodos sobre las alfombras, los niños sonríen al escucharla, riéndose de sus propias observaciones. La maestra, que debe ser, en el fondo, una dramaturga consumada, levanta ante los niños un espejo en el cual pueden ver reflejadas sus imágenes. Esto es educación del humor y de la tolerancia. Esto es higiene mental; es orientación evolutiva. En atmósfera tan cordial, la personalidad prospera, la mente gana en flexibilidad y en vigor.

Estos procesos internos de asimilación y reconstrucción alcanza niveles superiores a medida que el niño madura. En el séptimo año veremos algunas interesantes transformaciones evolutivas. Pero antes debe venir el sexto año, año de transición.

---

* La conocimos en uno de los útiles folletos del *Portfolio for Primary Teachers*, editado por la «Asociation for Childhood Education», Washington, D.C., titulado «Un buen día en la escuela para los niños de seis años», por Elizabeth Vernon Hubbard.

Rasgos de madurez

1. *Características motrices*

Actividad corporal

La compostura de los Cinco años ya no es característica de los Cinco y medio, en que —según los padres— el niño se muestra inquieto en su casa. Juega en casa y fuera de ella y parece no saber dónde quiere estar. Se mantiene ocupado cavando, bailando y trepando. Baja las cuestas en su triciclo. Arrastra cosas en un carrito. Atraen su atención los juegos con arena, agua y barro. Las tareas domésticas le brindan muchas actividades motrices: le gusta disponer la mesa y ayudar a la madre alcanzándole las cosas que necesita. Si se le pregunta a qué juega, responde: «A una cosa y después a otra».

Los seis años son una edad activa. El niño está en actividad casi constante, sea de pie, sea sentado. Parece hallarse equilibrando conscientemente su propio cuerpo en el espacio. Está en todas partes: trepando árboles, arrastrándose debajo, encima y alrededor de sus estructuras de grandes bloques o de otros niños. Parece ser todo piernas y brazos en danza alrededor de la habitación.

Encara sus actividades con mayor abandono y, al mismo tiempo, con mayor deliberación y quizá tropiece y caiga en sus esfuerzos por dominar una actividad. Le podrá gustar la tarea de «limpieza» en la escuela, barrer el suelo, empujar los muebles, aunque es algo torpe y no del todo profundo. Le encanta la actividad y le desagradan las interrupciones.

Hay mucho juego tumultuoso y peleador. Le gusta luchar con su padre o con un hermano; pero esto puede terminar en desastre, pues no sabe cuándo detenerse. Dentro de casa, su pelota puede convertirse en una amenaza cuando la hace saltar, la tira y trata de volver a cogerla. Le interesan también las pruebas de trapecio; le gusta trepar por una soga y balancearse colgado de ella. El columpio es uno de sus favoritos; se sienta con más libertad y equilibrio y le deleita sobremanera balancearse a la mayor altura posible.

Le gusta construir torres más altas que él mismo; trata de saltar lo más alto que puede, sin importarle caer y rodar por el suelo. Su propio patio no le resulta tan atractivo como el del vecino.

Ojos y manos

También existen cambios notables en el comportamiento oculomanual del niño de cinco años y medio. Parece tener mayor conciencia de su mano como herramienta y experimenta con ella como tal. Se dice que es torpe en el cumplimiento de tareas motrices delicadas, pero experimenta nuevas ansias por tales actividades. Las herramientas y los juguetes de índole mecánica revisten para él especial interés. Quizás no está tan interesado en lo que logra con las herramientas como simplemente en manejarlas. Le gusta tanto de desarmar cosas como armarlas. A las niñas, en especial, le gusta vestir y desvestir sus muñecas.

Ahora sostiene el lápiz más torpemente y lo pasa de una mano a la otra. Le gusta dibujar, copiar y colorear tal como a los cinco años, pero se atiene mucho menos a un modelo. Rellenar figuras con color puede mantenerle ocupado durante un período considerable. En la colaboración es torpe, cambia de posición tanto como de prensión del lápiz, e inclina la cabeza. Puede levantarse y apoyarse sobre la mesa para continuar dibujando, o bien apoyar la cabeza sobre un brazo. Quizá diga que «se le cansa» la mano y continúa brevemente con la otra. Con sus intentos de manipulación delicada, a menudo se le encuentra de pie, e incluso caminando, mientras trabaja.

Seis es tan activo sentado como de pie. Se revuelve en la silla, se sienta en el borde, puede incluso caerse de ella. Hay una abundante actividad oral: extensión de la lengua y masticar, soplar y morderse los labios. Muerde, masca o golpea su lápiz contra los labios. La prensión del lápiz es menos torpe que a los cinco años y medio, pero su trabajo es laborioso.

La mirada y la mano funcionan ahora con menor rapidez y menor relación que a los cinco años. Al construir una torre de bloques pequeños, Seis lo encara de manera más deliberada y cuidadosa, y trata de colocar los bloques correctamente. Pero quizá no estén tan exactamente alineados como lo estaban a los cinco años. En otra ocasión, Seis puede construir la torre con tal descuidado abandono que ésta se derrumba repetidamente.

Toca, manipula y explora todos los materiales. «¿Qué se hace con esto?» Quiere hacerlo todo. A menudo, hay más actividad que verdadera realización. Pero recorta y pega, hace cajas y libros y modela objetos con arcilla.

Puede desplazar su mirada con más facilidad y lo hace frecuentemente mientras trabaja. El ambiente que le rodea le distrae fácilmente y sus manos pueden continuar trabajando mientras contempla la actividad de otro.

En carpintería, necesita mucha ayuda. La sierra se curva y se atasca. Golpea y golpea para meter un clavo. A menudo, yerra el golpe y puede incluso romper la tabla sobre la que está clavando. Quizá sostenga el martillo demasiado cerca de la cabeza. Puede hacer, sin embargo, construcciones rudimentarias.

2. *Higiene personal*

Comida

Apetito. —El buen apetito de los cinco años continúa a los seis y puede llegar a ser tremendo. Se informa que algunos niños pasan el día entero comiendo y tienen fama de comer mejor entre comidas que durante ellas. El desayuno continúa siendo la comida más pobre y puede ir acompañado de dolores de estómago, náuseas y, menos frecuentemente, de vómitos. Se prefiere definitivamente una dieta líquida de leche y zumos de fruta.

Como contraste con su pobre comida de la mañana, el niño de seis años siente a menudo hambre antes de acostarse y comerá un bocadillo de apreciable tamaño, con verdadero placer. Incluso se puede despertar en mitad de la noche y pedir algo de comer.

A esta edad, los ojos son más grandes que el estómago y el niño tiene inclinación a pedir porciones mayores que las que puede comer. No se debe hacer demasiado caso de su demanda inicial. Si no accede a recibir dos porciones, con la posibilidad de rechazar la segunda, se le puede permitir que divida la comida de su plato en dos partes.

Una nueva experiencia, algún cambio en la rutina, logran a menudo un aumento de apetito. Así, por ejemplo, una visita a la abuela, o una comida en un restaurante en compañía del resto de la familia, producen a menudo una mejora, si bien ésta puede ser sólo temporal.

Rechazos y preferencias. —El niño de seis años continúa prefiriendo la comida sencilla. Si bien puede tener una amplia gama de gustos en lo que a comida se refiere y siempre está dispuesto a probar alimentos nuevos, sus preferencias y sus rechazos están, por lo general, bien definidos. Puede rechazar la carne porque una vez le sirvieron un trozo con un pequeño ribete de grasa, o puede rechazarla porque no le gusta masticar. Puede rechazar alimentos por épocas. Lo que le gusta, le gusta firmemente, y lo que le desagrada, le desagrada espontáneamente. Es la época en que la crema de cacao comienza su ascenso hacia el pináculo de la preferencia, que alcanzará a los siete u ocho años. Muchos de los postres de cocina, en especial el arroz con leche y las natillas, quizá sean rechazados por sí mismos; pero a menudo el niño de seis años no es partidario de los postres. Si aparecieran al comienzo de la comida, quizá los comería con deleite. Por lo general, prefiere las comidas crudas a las cocidas. Las texturas son para él importantes: por lo común, rechaza los alimentos apelotonados o filamentosos.

Ayuda. —A los seis años, muchos niños vuelven a comer con los dedos. Los cubiertos parecen un estorbo innecesario entre ellos y la comida, y los maneja torpemente. Comen con las manos alimentos como el puré de patatas. A estos niños se les debería dar más alimentos enteros, de modo que pudieran alimentarse solos y hacerlo con las manos. Se prefiere el tenedor a la cuchara, y se usará si se trata de un alimento que puede pincharse. En el extremo opuesto están los niños delicados que ni siquiera pensarían en tocar la comida con las manos o en derramar una gota. Estos niños comen con cuidado y precisión y usan sus cubiertos con destreza.

Comportamiento en la mesa. —No es una experiencia muy edificante tener un niño de seis años en la mesa, en especial durante la cena. El realidad, no es ése el lugar que le corresponde y él preferiría, con mucho, tener una bandeja junto a la tele mientras ve algún programa especial.

Su control motor es sumamente errático, tanto sentado como de pie. En cuanto se sienta, probablemente comience a balancear las piernas. Si la pierna de un familiar o la pata de la mesa se encuentran dentro de su alcance, sufrirán debidamente toda la fuerza de su empuje. Si debe sentarse a la mesa, se le debe permitir que lo haga sin zapatos, sólo con los calcetines. Después de su ataque inicial a la comida, comienza a remolonear y a moverse: trata de alcanzar una zanahoria y tira su vaso de leche; le tiemblan las manos y derrama su comida. Inmediatamente después, se columpia sobre las patas traseras de la silla, o quizá sobre una sola pata. El padre pierde poco a poco la paciencia y no es difícil que diga demasiado en su intento de mantener a raya a su hijo.

Cuando el niño de seis años come, se llena la boca con exceso y tiende a hablar así. Si su cuerpo no está activo, al menos siente inclinación a hablar demasiado. Si se le critica por su comportamiento, seguro que hallará en sus padres o hermanos los mismos defectos por los cuales se le critica.

Dejarlo a solas en la mesa produce, por norma general, un efecto contrario al deseado. Holgazanea algo más que antes. Quitarle la comida le enfurece o provoca su llanto. Devolverle la comida puede inclinar la balanza en la dirección deseada, pero el mejor estímulo, si está sentado a la mesa con toda la familia, puede ser establecer competencias de velocidad, haciendo que éste sea el ganador.

No necesitamos decir que no todos los niños de esta edad reproducen esta imagen, ahora bien la mayor parte de ellos muestra, al menos, algunos de sus rasgos. Es verdad que algunos comen mejor con la familia que solos, sin embargo un número sorprendentemente grande pide cenar en la cama, o que les lleven una bandeja junto a la tele. Parecen percibir lo que más les conviene, pues entonces, cuando en alguna ocasión se les permite ir a la mesa familiar, afrontan mejor la situación, mostrándose orgullosos de sus realizaciones. Es un hecho desafortunado excluir a un niño de la mesa como castigo por su fracaso. Si el niño insiste en estar regularmente con el grupo familiar, por lo general se satisface perfectamente si cuenta con su propia mesa —más pequeña—, sobretodo si la comparte con un hermano.

La servilleta es aún una herramienta cultural fuera de su dominio. El niño rechaza ahora el babero y quizás rechace también la servilleta atada al cuello. Si la servilleta está junto a su plato, olvida usarla; si la tiene sobre las rodillas, la deja caer rápidamente al suelo. Puede percibir que tiene comida en los labios o en el mentón y la retira hábilmente, frotándose con el dorso de la mano. Otros usarán la servilleta si se les recuerda que deben hacerlo; en general, sin embargo, manos limpias y cara limpia son aún responsabilidad del adulto y no del niño.

Dormir

Siesta. —Unos pocos niños de cinco años y medio todavía suelen hacer, en ocasiones, una siesta de media hora. Hacia los seis, si todavía queda algún deseo de dormir siesta, se ve obstaculizado por la asistencia a la escuela. El extraordinario placer que experimenta un niño de seis años cuando puede gozar de una «siesta de juego» de una hora, puede muy bien hacernos cuestionar la conveniencia de ir a la escuela durante esa hora.

Hora de acostarse. —En sus costumbres previas al dormir, el niño de cinco años y medio muestra una verdadera desviación evolutiva de su conducta. Está decididamente cansado y raramente se opone a acostarse a su hora acostumbrada (las nueve o las diez de la noche), o aún más temprano. A algunos niños les gusta prepararse para dormir antes de cenar y que se les sirva la cena en una bandeja, en la cama, aunque en realidad no se duermen antes de la hora acostumbrada. A esta edad, son más temerosos, quieren la compañía de la madre después de que la luz se haya apagado; quizás pidan la presencia de algún adulto cerca de él, que se deje dormir a un hermano en la misma habitación, o que la luz de la entrada se quede encendida. Hay un retorno al interés por los animales y las muñecas, y se lleva dos o tres de ellos a la cama. El niño trata estos juguetes como si fueran verdaderas personas que le hacen compañía. Las plegarias ejercen un efecto extrañamente tranquilizador sobre algunos niños y se deberían considerar seriamente, en especial con respecto a los niños temerosos.

La conducta del niño de seis años no está tan llena de temores como la del de cinco y medio. Se acuesta fácilmente y, una vez acostado, se complace con alguna actividad tranquila, o escuchando música. En especial, le gusta que le lean o que le dejen mirar un libro durante media hora. Éste es un excelente momento para estimular el interés del niño por la lectura. Le gusta identificar letras, especialmente mayúsculas, incluso palabras, en el cuento que la madre le lee. Una vez apagada la luz, tiene inclinación a contar lo sucedido durante el día y a hablar sobre lo que pasa por su mente. Es muy espontáneo a esta edad: todo lo que debe hacer la madre es escuchar, guiando los pensamientos del niño a lo largo de los cauces que él mismo elige.

Algunos niños prefieren que sea el padre quien los acueste y responde a él más dócilmente. Para otros, sin embargo, el padre significa un estímulo excesivo. Algunas niñas no se duermen hasta que el padre les ha dado un beso de buenas noches. Como regla general, la madre es aún la preferida para las charlas previas al dormir.

Noche. —Hay un número creciente de niños de seis años que, según los informes, «duermen magníficamente». Pero hay otros —menos que a los cinco años— cuyo sueño se ve alterado por la necesidad de ir al baño o por «malos sueños». Hombres y mujeres extraños comienzan a aparecer en estos sueños, y los animales oníricos, aún frecuentes, se hacen más activos, en especial, comienzan a morder.

Cuando tiene lugar una aterrorizada pesadilla, puede resultar imposible tranquilizar al niño hasta que la madre no se acueste con él. Los que se pueden despertar por sí solos, van a la cama de sus padres. Algunos vuelven a sus camas después de relatar el sueño, otros lo hacen después de abrazarse tranquilizadoramente a la madre durante unos momentos. Otros necesitan pasar el resto de la noche en la cama de la madre, aunque ésta haya ido a dormir en la cama del niño.

Muy pocos niños van al baño regularmente, como rutina, a esta edad. Algunos de los que aún necesitan levantarse dan cuenta a sus padres después de hacer satisfecho sus necesidades; pero es cada vez mayor el número de los que no necesitan ayuda y vuelven a la cama por sí mismos.

Mañana. —El despertar muestra a los cinco años y medio dos extremos: los que se despiertan temprano (6.30-7.00 horas) y los que se despiertan tarde (9.00 horas). Los últimos incluso necesitan, a veces, que se les despierte. Hacia los seis años, los extremos no están tan separados: la hora usual es entonces entre 8 y 8.30 y el niño ya no necesita que se le despierte. El niño de cinco años y medio duerme alrededor de once horas y media; el de seis, once horas.

Al levantarse, el niño de seis años atiende, por sí mismo, sus necesidades de ir al baño y, por lo general, siente más interés por sus juegos matinales que por vestirse. Sin embargo, si se extiende su ropa sobre la cama, puede vestirse después de alguna advertencia recordatoria.

Eliminación

Intestinos. —Persiste el modo general de los cinco años: una defecación por día, después del almuerzo. Hay una tendencia a desplazar esta función hacia la primera mitad del día, con preferencia sobre la segunda. Unos pocos la desplazan hacia antes del desayuno o después de la hora de acostarse. Pueden darse dos movimientos por día, sin embargo se trata a menudo de dos deposiciones del mismo movimiento, puesto que probablemente el niño no pueda estar sentado el tiempo suficiente para completar la evacuación. La madre necesita ayudar con una pequeña supervisión, a fin de asegurarse de que el niño permanezca el tiempo suficiente para terminar.

Como regla general, el funcionamiento intestinal es más bien rápido; en realidad, si el niño ha esperado hasta la última parte de la tarde, puede ser tan rápido que lo obligue a correr a toda prisa al baño, y quizá llegue demasiado tarde. En algunos niños, el movimiento parece presentarse casi involuntariamente, antes de que tengan tiempo de hacer algo para evitarlo. Estos episodios de incontinencia afectan a los padres casi más que al niño. Éste puede sentirse avergonzado y esconderse en algún rincón de la casa, aunque con frecuencia trata de arreglar las cosas cambiándose los pantalones y limpiándose. También los padres se sienten avergonzados y jamás pensarán en mencionar el hecho al médico de la familia.

La capacidad de defecar fácilmente en el baño de la escuela no aparece, por lo general, hasta alrededor de los ocho años. Por lo tanto, el niño de seis años se ve a menudo en un aprieto mientras vuelve despreocupadamente a su casa después de la sesión de la tarde, a menos que la madre o el padre acudan en su busca para regresar rápidamente, o él mismo prevea el episodio a la hora del almuerzo. Los castigos y las reconvenciones para que el niño se «avergüence» son medidas de control muy pobres.

La mayor parte de los niños atiende a sus propias necesidades sin dar cuenta de ellas antes o después de haberlo hecho. Algunos tienen mayor conciencia de su funcionamiento intestinal e informan, como lo hacían antes, sobre el tamaño, forma y cantidad de sus excrementos; o bien hacen lo diametralmente opuesto, cerrando con la llave la puerta del cuarto de baño.

A esta edad, los reniegos y los insultos se relacionan definitivamente con la función intestinal. «Maloliente» es un término de uso común, y muy bien puede provenir de una experiencia real. Un niño de cinco años y medio a seis años de edad puede, enojado, gritar a otro niño: «¡Ve a hacerte caca en los pantalones!».

Vejiga. —Orinarse durante el día o la noche es, ahora, algo poco común. Como a los cinco años, el niño puede demorarse mucho y luego verse obligado a correr al baño. Con frecuencia, estos episodios se pueden prevenir recordando al niño que vaya al baño a una hora conveniente, como, por ejemplo, antes de salir a jugar o antes de un viaje. Algunos niños se mojan o humedecen repentinamente los pantalones, tal como otros tienen, repentinamente, un movimiento intestinal impulsivo. No se sienten bien después de hacerlo y a menudo dicen: «No sé cuándo lo hago». Estos deslices se pueden controlar planificando mejor los momentos en que se debe recordar al niño su obligación de ir al baño.

Mojar la cama es poco común, pero se puede volver a producir con un catarro, o si la temperatura del niño mientras duerme es demasiado alta o demasiado baja. Muchos niños necesitarán aún levantarse durante la noche para ir al baño, por lo general atendiendo a sus necesidades y volviendo a la cama sin molestar a los padres.

La función urinaria —especialmente el sonido que acompaña a esta función— puede estimular las risas y bromas entre dos niños de la misma edad. Una regla sencilla y fácil de observar es que los niños vayan al baño de uno en uno. El control periférico y preventivo ocupa, así, el lugar de control directo. El niño de seis años puede utilizar verbalmente la función urinaria en ataque humorístico o colérico, diciendo: «¡Te haré pis en el ojo!».

Baño y vestido

Baño. —Algunos niños, especialmente los varones, se resisten ahora al baño nocturno. El niño dirá que está demasiado cansado para bañarse, lo que en parte es cierto, pues podría haberse bañado sin resistencia a las siete de la tarde, con perspectiva de cenar en la cama. Ciertos niños demuestran aún muy poco interés por lavarse solos; algunos, en cambio, tratan de bañarse completamente. Otros limitan sus esfuerzos a pies y piernas. Casi todos necesitan ayuda para llenar la bañera y en lo que se refiere a los toques finales en las regiones de la cabeza y el cuello.

Con frecuencia, el baño se desarrolla más fácilmente con el padre que con la madre. Remolonear en la bañera es una regla general y resulta difícil hacer salir al niño de ella. La mejor manera de apresurarlo consiste en usar técnicas sencillas, tales como contar hasta una determinada cantidad o planear una actividad interesante para la hora de acostarse.

La mayoría de los niños de esta edad se lavan la cara y las manos razonablemente bien, pero no lo hacen espontáneamente y, para algunos, «la cara es solamente la nariz». Aunque comienzan a percibir y tener conciencia de la suciedad en otras personas, muchos Seis no parecen preocuparse mucho por la suciedad en ellos mismos y pueden resistirse a la idea de lavarse, aunque aceptarán ayuda para hacerlo. Conceder menos importancia al lavado contribuirá de forma importante a hacer más llevadera la vida del hogar. Un autorreproche de la madre (*después de la comida*): «¡Oh, olvidé decirte que te lavaras las manos!», es para el niño un maravilloso estímulo, el legítimo estímulo que uno recibe al saber que los demás también se suelen equivocar.

Vestido y cuidado de la ropa. —El deseo de vestirse significa la mitad de la batalla ganada, pero no son muchos los niños de seis años que han adquirido ese deseo. Por ello, Seis necesita ser manejado, en parte, como un niño de cinco años. Aunque a menudo no permita que su madre le preste ayuda efectiva, su mera presencia puede ayudarle. Es una buena época para juegos de deletreo o de aritmética, o «Veo una cosa». También le encanta hacer carreras con la madre o el padre para ver quién se viste más rápido. Si se ata los zapatos, lo hace demasiado flojo. Un niño podrá necesitar menos ayuda en las mañanas de ocio, en los días que no debe ir a la escuela. El desvestirse se realiza con considerable rapidez.

Seis es una edad en que se tiene conciencia de la vestimenta. Los niños están interesados en la ropa y orgullosos de sus pantalones y corbatas; algunas niñas desean vestidos bonitos con accesorios de adorno y medias que hagan juego y, a menudo, se niegan a usar suéter en invierno. Se exigen modelos específicos y colores también específicos, a menudo el rojo; los niños comienzan a hablar de zapatillas. Los niños de seis años a menudo necesitan ayuda para calzarse y también para encontrar la segunda manga del jersey. Debido a las dificultades de Seis *para vestirse*, los padres pueden muy bien cuestionar la conveniencia de exigirles recambios de ropa para jugar, a la vuelta de la escuela. ¿Por qué no tener una ropa intermedia, suficientemente buena para la escuela y no demasiado buena para jugar con ella?

Aunque Seis se muestra interesado por su ropa, no la cuida muy bien. Como dijo cierta vez una madre: «Le gusta tener las cosas ordenadas, pero no hace nada para conseguirlo». A los cinco años y medio, al desvestirse, el niño tiraba, por lo general, la ropa a su madre. A los seis, la desparrama por toda la habitación, a menudo de forma humorística o para probar hacia cuántos lugares y en cuántas direcciones puede arrojarla. Esto se puede convertir fácilmente en un juego útil de recolección de su ropa, tanto para placer de la madre como del niño, o bien se puede destinar un rincón como depósito de prendas sucias. Es más divertido tirar la ropa en un rincón que en un canasto.

Las dificultades con los zapatos son muy reales a los seis años. El niño, en especial, quiere sacarse los zapatos cuando está en casa, pero tiene propensión a dejar cada uno en una habitación distinta y, a la mañana siguiente, toda la casa debe participar de una cacería para encontrarlos y permitirle ir a la escuela con los zapatos puestos. En realidad, los padres prefieren que se quite los zapatos cuando se sienta a la mesa a que lo haga con ellos puestos, pues da patadas. Aquí se presentan numerosas oportunidades para desarrollar una estrategia preventiva. ¿Por qué no hacer como los holandeses: que los niños de seis y de siete años se quiten los zapatos al entrar en casa y permitirles estar en ella descalzos, sólo con los calcetines?

Algunos niños muestran interés en peinarse. Quizá las niñas lamentan el día en que pidieron que se las peinara con trenzas; pero no quieren renunciar a ellas, pese a toda la incomodidad que provoca el peinarse. El cuero cabelludo es muy sensible a esta edad, pero puede reducirse mucho el dolor que provoca el peinado si se brinda al niño la oportunidad de mantener la atención concentrada en un libro, o coloreando, o en el piano, mientras dura el proceso.

Salud y afecciones somáticas

No es sólo el comportamiento general del niño de seis años el que se sale de sus carriles, sino también todo el funcionamiento de su estructura física corporal. Entre los cinco y medio y los seis años, el niño está lleno de «quejas» —quejas legítimas, a las que debería prestarse seria atención—. A los cinco y medio, le «duelen» los pies. Quizá camine cojeando. A los seis, le duelen las piernas, ocasionalmente los brazos y, con frecuencia, la nuca; dice que tiene un «cric» en la nuca. Las friegas y los masajes le brindan consuelo y alivian el dolor.

Se queja de sentirse acalorado, tan acalorado que quisiera salir completamente desnudo. Transpira fácilmente. En realidad, sus membranas mucosas parecen inflamarse con facilidad. Las membranas mucosas de los ojos pueden enrojecerse y quizás desarrolle orzuelos. La garganta no solamente «duele», sino que se enrojece y se infecta y la infección se transmite con frecuencia a oídos y pulmones. La otitis media vuelve a alcanzar su apogeo, similar al de los dos años y medio. Además de las enfermedades contagiosas más comunes como a los cinco años —varicela, sarampión y tos ferina—, hay un incremento de la rubéola y de la parotiditis.

Las reacciones alérgicas son abundantes. Pueden presentarse en forma de un retorno de reacciones alérgicas pasadas, o como un nuevo desarrollo de la fiebre del heno. La membrana mucosa de la nariz es sensible y se congestiona fácilmente. Algunos niños se quejan de que la orina les quema y presentan los genitales evidentemente enrojecidos, lo que requiere cuidados intermitentes mediante la aplicación de ungüentos suaves. La piel puede ser muy sensible en las zonas de la cabeza y del cuello. Para algunas niñas de esta edad, peinarse puede ser un proceso muy doloroso. Los niños pueden reaccionar con una risa convulsiva, semidolorosa, cuando los lava un adulto, debido a la hipersensibilidad de la cara y del cuello. Si el niño se lava solo, es mucho menos sensible. Pueden desarrollarse furúnculos en la cara, cuello o brazos.

El niño de esta edad se cansa fácilmente; en realidad, se marchita. El uso relativamente libre de la cama impedirá la fatiga indebida e, incluso, la enfermedad. La cama debería presentarse psicológicamente a la mente del niño como un agradable puerto de reposo y de actividad descansada.

Seis no hace transiciones con facilidad. El futuro inmediato se cierne con frecuencia sobre él como algo demasiado grande para poder hacerle frente. Podrá no querer levantarse los días en que tiene que ir a la escuela. Quizá diga: «No me siento bien»; pero experimenta una mejoría dramática en cuanto el autobús escolar ha pasado por su casa. O bien, durante el desayuno, se queja de dolores de estómago y llegará a vomitar. Es significativo que estos síntomas no se presenten durante el fin de semana. Una pequeña ayuda, no exigiéndole que coma demasiado durante el desayuno, y el interés adicional de un niño mayor admirado que venga a buscarle especialmente para ir con él a la escuela, pueden muy bien llegar a vencer estos síntomas. Un dolor de estómago, como a los cinco años, puede quizá relacionarse con un inminente movimiento intestinal.

La torpe precipitación de Seis le hace propenso a las caídas. Está suficientemente seguro en los árboles, pero no está muy bien equilibrado sobre los cercos que insiste en trepar. Tiene propensión a detener las caídas con un brazo y, por consiguiente, es probable que se lo rompa al caer.

La vista de la sangre puede trastornar a un niño de seis años y la extracción de una astilla por parte de la madre puede provocar una reacción histérica. Si la madre cree que la astilla se debe extraer inmediatamente, el niño puede recuperar su control si se le permite que pellizque a la madre hasta hacerle daño. Ahora bien ¿por qué es necesario extraer la astilla inmediatamente? La aplicación de un trozo de tela adhesiva asegura la exudación y la curación de la zona circundante a la astilla, la cual sale a menudo junto con la tela adhesiva una vez que ésta se ha aflojado durante el baño. Es más probable que el niño informe de sus rasguños, desgarrones y ampollas si siente que puede tolerar el tratamiento. Las infecciones serias resultan, por lo general, de la demora en dar cuenta del accidente y de la falta de cuidado.

Descargas de tensión

Las manifestaciones tensionales llegan a un punto culminante entre los cinco años y medio y los seis, e incluyen arranques de genio, violentos ataques de nervios y golpes a los padres. El niño puede llegar a perder tan completamente el control que se hace necesario que la madre intervenga y lo lleve a su habitación, dejarlo allí un breve lapso de tiempo y volver luego para ayudarle a superar sus dificultades. Librado a sus propios medios, el niño podrá continuar en el mismo estado indefinidamente, hasta quedar exhausto. La distracción hábil es una ayuda.

Más tarde, ya pasada la tormenta, la madre analiza las causas que la produjeron y cómo podría haberla evitado. Podrá incluso discutirlo con el niño, cuando éste se encuentre en un estado de ánimo conveniente. A los seis años, una observación humorística que no se refiera a él mismo puede hacerle olvidar sus estallidos y puede transformar sus llantos y gritos en risa; pero antes de esta edad, el empleo del humor muy bien pudiera agravar la situación.

La madre debe comprender que en esta etapa temporal de madurez el niño quiere hacer las cosas a su manera, sólo por el hecho de salirse con la suya, y que se mostrará más dispuesto a escuchar sugerencias a los seis o a los seis años y medio. La madre también debe comprender que el niño necesita protección contra sí mismo, tal como la necesitaba a los dos años y medio. Quizá se deba prohibir por algún tiempo el libre acceso a los dulces y golosinas y acaso haya que volver a cerrar con llave los cajones y los roperos. Incluso puede que sea necesario establecer un programa rígido en el que se especifique cuántos caramelos podrá comer el niño y en qué condiciones se le permitirá hacerlo.

Además de las descargas violentas, hay también una difusión de energía tensional según diversos canales: agitación y balanceo de piernas; comerse o arrancarse las uñas de las manos y de los pies; morder los puños de la ropa, las trenzas o el extremo de los lápices; hurgarse la nariz e incluso comer incrustaciones nasales. Estas diversas manifestaciones tienden a presentarse bien cuando se exige algo al niño, o bien cuando él se exige a sí mismo algo que escapa aún a sus posibilidades, cuando espera que acontezca algo, o cuando trata de dormirse. Si es demasiado pronunciada, la conducta tensional indicará que se debe aliviar la tarea impuesta al niño. El aspecto desagradable de un niño hurgándose la nariz puede, por lo menos, disminuirse asegurándose de que el niño se limpie a fondo la nariz antes de salir para la escuela.

Por la noche, su resistencia a dormirse disminuirá si se lee durante un rato en voz alta, o si se le permite escuchar música, o conversar con la madre después que las luces se hayan apagado. Puede querer conversar sobre cosas que en ese momento rondan su mente —cosas que no puede pensar a fondo sin la ayuda de la madre—. Finalmente, deja marchar a la madre después de haber dicho sus oraciones, de haber recibido un largo beso y de haberle oído decir «buenas noches».

En algunos niños, las descargas tensionales son menos marcadas: un suspiro, llevar los dedos o el cabello a la boca, o las manos al cabello. En algunos, el escape de tensión es verbal o interjectivo: «Al demonio», «Maldito sea», «Ugh», «Hum», «Vete al infierno» o «Maloliente». Otros, en cambio, manifiestan descargas musculares repetidas, parecidas a los tics: guiñan los ojos, carraspean, tuercen un lado de la cara o sacuden la cabeza. Si tales reacciones tienen lugar principalmente durante la cena, cuando el padre está en la casa, probablemente el niño deba comer en su habitación. Esto no quiere decir que el padre sea la causa específica de estas reacciones; puede querer decir, sencillamente, que el niño es tan poco maduro que, por el momento, dos personas constituyen para él un número suficiente y, en cambio, no puede soportar la presencia de una tercera.

En algunos niños tartamudos, especialmente los de sexo masculino, se nota una señalada exacerbación del defecto a los seis años, con verdadera dificultad para comenzar a hablar. Hacia los seis años o seis y medio, estos mismos niños tienen conciencia de su tartamudeo. Tal como lo expresara un niño: «Es inútil engañarme, yo sé que soy tartamudo». La mejor manera de tratar esta limitación es la disminución de las tareas del niño. Saber cómo comportarse y qué decir en las situaciones sociales nuevas reduce la sensibilidad y la tendencia a adaptarse.

3. *Expresión emocional*

Durante el período que va desde los cinco años y medio hasta los seis, el niño se halla en un estado más o menos constante de tensión y hasta de fermento emocional. Sus reacciones emocionales reflejan tanto el estado de su organismo como la sensibilidad de éste al ambiente que lo rodea. Sus expresiones emocionales se pueden comparar a la aguja magnética de una brújula que indica una posición exacta. Los padres deben comprender que, a esta edad, el niño es muy preciso para expresar la posición y la dirección exactas del curso que sigue. Es muy difícil alterar este curso mediante presiones externas. Por esta razón, el trato preventivo o la aceptación constructiva de ese curso son, con frecuencia, las dos únicas maneras de tratar eficazmente al niño. Afortunadamente, hacia los seis años, y más aún hacia los seis y medio, la conducta del niño comienza a perder su rigidez, se vuelve más susceptible a los cambios de dirección, tanto los motivados interiormente como los estimulados desde el exterior.

Aunque entre los cinco y medio y los seis años las tendencias emocionales del niño se pueden considerar rígidas y de un solo sentido, pueden virar hacia el polo opuesto y hacerse rígidas en ese otro sentido. Por ello se describe al niño, tan a menudo, como «el día y la noche», «una cosa u otra». «Adora a su perro, pero es cruel con él»; «quiere mucho a su hermanita, pero amenaza con hacerle daño». Puede hacer frente a una nueva experiencia con timidez y, luego, con total abandono. Puede negarse a contestar una pregunta por falta de conocimientos y, sin embargo, declarar: «Yo lo sé todo». Los informes lo describen como «encantador» en casa y «terrible» en la escuela, o viceversa.

Gran parte de las dificultades del niño de cinco años y medio provienen de su incapacidad para cambiar o modular la conducta. No es tan persistente como incapaz de detenerse, de manera que, una vez que comienza a llorar, llora continuamente. Permanece junto a las cosas tanto tiempo que se cansa y, normalmente, no puede abandonarlas espontáneamente sin una explosión emocional. Los niños con una pobre capacidad motriz del tipo delicado, más interesados por la gente y por las actividades motrices gruesas, se vuelven fácilmente taciturnos, aburridos e inquietos si se les limita a estar en casa; vagan por ella sin saber qué hacer. La pereza, que alcanza su apogeo a esta edad, debe considerarse como una persistencia de la carencia de objetivo. Cuando el niño trata de hacer una elección difícil, «se confunde totalmente», pero, una vez decidido, es inexorable. Es absolutamente incapaz de concebir una transacción o un compromiso y ni el soborno ni el castigo producen sus resultados comunes. A pesar de todo, tiene sus días buenos y sus días malos. Es importante edificar la conducta en esos días buenos, en los que hay una mayor respuesta de su parte.

El niño de cinco y medio a seis años reacciona bien a un trato impersonal tal como la técnica de relatar, a la cual se le puede acostumbrar a reaccionar automáticamente. Análogamente, las frases que sirven para allanar el camino, como «algo bueno para hacer» o «hazlo primero a tu manera y luego a la mía», pueden impedir la acostumbrada resistencia del niño. Éste acepta mal las críticas, pero progresa con los elogios y la aprobación. Le gusta hacer cosas sobre la base de algún juego. Un niño expresó muy bien este modo de cooperación diciendo: «Mi madre no está enfadada; ¡hacemos cosas juntos!».

En los días malos, la madre debe dejar pasar prudentemente las cosas y, en sentido figurado, «escaparse». En esos días no se exige mucho al niño y se utilizan lo máximo posible las liberaciones automáticas que ha ido incorporando durante los días buenos.

Si las explosiones emocionales se producen, lo hacen con mucha rapidez y de diferentes formas: algunos niños se limitan a llorar; otros atacan a los demás verbalmente y con manos y pies; otros sufren ataques de nervios en los cuales parece que tuvieran todo el cuerpo en llamas. Los que «estallan en llanto» son, quizás, los más sensibles: lloran porque las cosas no van bien o como ellos quieren, porque sus sentimientos están heridos, porque la madre les habló ásperamente, o se dirigió con severidad a un hermanito. Los que atacan verbal y físicamente son de naturaleza más excitable e impetuosa: sienten que el curso de su acción se ve de pronto obstaculizado. Los proyectiles verbales utilizados en sus ataques son breves y escuetos: «No quiero», «Gritaré», «Te pego», «Vete de aquí». Tales desafíos inhiben, por lo menos, el ataque físico.

Cuando el niño sufre un ataque de nervios, los centros inferiores pueden hacerse cargo completamente del control del niño. Los padres dicen: «Se encoleriza tanto que parece casi enloquecido», o bien: «Se pone decididamente furioso». En estas rabietas, el niño puede llegar a tirar un florero o a cortar el asiento de una silla de esterilla. La vuelta al equilibrio se logra de distinta manera en niños diferentes. Algunos reaccionan bien ante la ayuda del padre o de la madre, especialmente si el estallido se ha producido debido a una falsa interpretación o a una falta de información. La mayoría responde, finalmente, a la distracción; pero unos cuantos parecen necesitados de continuar hasta haber agotado todas sus energías.

Cuando un niño se lamenta después de un episodio violento y trata de enmendarse, puede muy bien estar alejado de los ataques y dirigiéndose hacia una organización más elevada; pero el método más seguro de promover su organización consiste —para los padres— en tratar al niño de manera preventiva. En todos estos estallidos, son por lo general las pequeñas cosas de la vida las que encienden la mecha. El niño no pudo captar una palabra nueva en la escuela, la madre no pudo anudarle los cordones de los zapatos en el momento mismo en que él se lo pidió, o bien se golpeó el pie. El niño maneja con relativa facilidad las cosas importantes de la vida, las verdaderas exigencias. Hay una marcada disminución de estas explosiones hacia los seis años y, más marcada aún, hacia los seis y medio. El niño entonces responde mejor a la enseñanza y puede, por lo menos, pedir ayuda cuando la necesita.

La actitud descarada, ruda, «lista para la pelea», evidente en la voz y en el porte del niño de seis años, disgusta indebidamente a muchos padres. Esta actitud señala, en realidad, un paso hacia adelante, en el sentido de que el organismo trata ahora de actuar por sí mismo, aunque sea desafiando. El niño adquiere un nuevo apoyo desprendiéndose violentamente de los padres. Con los brazos en forma de jarra y esa mirada insolente en el rostro, una niña de seis años desafía a su madre con un «No quiero». O quizás, sentada a la mesa, se cruza de brazos y mira con arrogancia a la madre, sin decir palabra, pero, afortunadamente, da una clave de su comportamiento dirigiendo su mirada hacia su plato, junto al cual la madre olvidó colocar una cuchara.

Si se le pregunta algo, Seis quizá responda: «¿Por qué quieres saberlo?»; o bien, cuando se le da un motivo, proclama su frase favorita: «¿Y qué?». Tiraniza y discute; discute especialmente cuando trata de demostrar a su madre en qué punto estaba equivocada. Puede llegar a ser muy ruidoso, tumultuoso y fácilmente excitable. En tales ocasiones, posiblemente se tranquilice si se lee algo o si se le hace escuchar música.

Las niñas están, en especial, llenas de bufonerías; se ríen sin motivos y hacen muecas y tonterías, a menudo con la intención de hacer reír a los demás. Lo harán interminablemente, a menos que se las distraiga con algún nuevo interés. Cuando vienen visitas, ambos sexos se comportan de la manera más incorregible que pueda imaginar. Quieren ser el alma de la fiesta. Monopolizan la conversación, hacen gimnasia, hacen tonterías, saltan, ríen e interrumpen sin que parezcan tener conciencia de que los demás están hablando. Podría ser mejor si se les concediera alguna atención y se les permitiera lucir sus gracias ante un auditorio que les responda de alguna manera. Luego, se les podría retirar de la escena con mayor facilidad. Quizá la madre ha proyectado de antemano que tengan algo que hacer, o ha pensado en algún lugar donde puedan ir, o quizás uno de los invitados acompañe al niño a su habitación para ver cosas y jugar con él.

La excitación de una fiesta resulta con frecuencia excesiva para un niño de seis años; se arrastra hasta un rincón, se retira de la escena, o bien sus actos y su conversación se vuelven desenfrenados. Puede afirmar, salvajemente: «Me comeré el radiador», o «Me comeré el cuarto de baño». A los seis años, una fiesta ideal podría consistir en un intercambio de regalos —los invitados reciben y traen obsequios— con un arreglo recíproco, o bien un festín de helados y tarta.

La respuesta inicial del niño de seis años a cualquier exigencia personal que se le plantea es, por lo general, «No», pero si se le da tiempo y algunos rodeos, volverá sobre la idea, casi como si fuera propia. Puede adoptar una inmovilidad de estatua si se le pide que se apure. Algunas veces se muestra dispuesto —especialmente si se le pide en el tono adecuado de voz—, pero no lo hace hasta el fin. Entonces, necesita que se le den tres —o posiblemente cuatro— posibilidades. Si esto fracasa, a menudo se puede lograr ponerlo en marcha contando hasta una determinada cantidad —recurso que comúnmente obra como por arte de magia—. Le ofende la autoridad impuesta arbitrariamente. También le ofende ser castigado o reprendido delante de otra gente, y con justa razón. Si se rebela, como es posible, ante la escuela, sería prudente buscar las posibles causas. Quizás haya tenido una experiencia desgraciada que no puede apartar de su mente, pero que podría aclararse con facilidad.

El elogio es un elixir para Seis, pero el castigo es un veneno. Sin embargo, puede aceptar un castigo si se lo posterga un tiempo suficientemente largo después de ocurrido el hecho. Con algunos niños, la postergación necesaria es sólo de unas pocas horas, o incluso menos. En algunas casas, estas discusiones llegan a formar parte de un momento específico del día, como por ejemplo después del almuerzo, la hora de descanso o la hora de acostarse. Con otros niños, en cambio, transcurrirán varios días antes de que la discusión tenga lugar. En la vida del niño quedan demasiados acontecimientos pendientes y sin resolver a esta edad. Una madre informa de que llevó un diario de los acontecimientos perturbadores, usando el cuaderno en el que los asentaba para ayudar al niño a recordar y, finalmente, a resolver sus dificultades. Este método es comparable al de colocar en depósito —para futura referencia— los juguetes ruidosos, que alguna vez atemorizaron al niño. Finalmente, una vez que el niño está preparado para aceptarlos, esos juguetes se sacan del depósito y resulta maravilloso para el niño descubrir que ahora puede manejar y gozar con esos mismos juguetes.

El desplazamiento que sufren las emociones entre los cinco años y medio y los seis y medio es casi como si el niño estuviera recorriendo un espectro emocional desde el extremo más oscuro hasta el más luminoso. El nuevo sentido de la personalidad que surge a los cinco años y medio trabaja fundamentalmente en la oscuridad. Gradualmente, con una mayor organización, se produce un verdadero desplazamiento desde las emociones más negativas hacia una zona positiva. A los seis años, el niño es más feliz. Ríe y chilla. «Los ojos le brillan» cuando está a punto de contar un cuento; hay en él un «resplandor de satisfacción» después de hablar por teléfono. Parece sentir la belleza de una puesta de sol, la grandeza de las nubes y el misterio provocado por los ruidos de los insectos en un crepúsculo de verano. Se informa de que, en ocasiones, es angelical, más generoso, sociable y simpático. Si bien puede haber cosas que le gustan y que le disgustan, sus preferencias demuestran ahora verdadero gusto.

Pero estas fuerzas emocionales nuevas y positivas están sometidas a un dominio tosco. El niño tiembla de excitación; se jacta de ser el mejor; se elogia a sí mismo diciendo: «Hoy hice un dibujo muy bueno en la escuela». Es inquisitivo hasta llegar a la destructividad. Y, por encima de todas las cosas, se muestra orgulloso de sus actos, de sus realizaciones, de su ropa, de las posesiones de su familia, y de sus hermanos. Pero también se puede sentir muy celoso del mismo hermano de quien se muestra más orgulloso.

Hacia los seis años y medio, la alegría comienza a figurar con más prominencia en su vida emocional. Los padres dan cuenta de una nueva clase de entusiasmo: al niño le «encanta» hacer cosas. «Disfruta con los libros», le «deleita el esfuerzo de hacer algo» y, por encima de todo, «goza sorprendiendo a sus padres». A pesar de estas tendencias positivas y placenteras, se repiten episodios menos felices, que recuerdan la etapa de inmadurez entre los cinco y medio y los seis años. Con todo, la tendencia general hacia el equilibrio es tan fuerte que, después de uno de estos episodios, el niño puede planear y resolver ser «bueno» el resto del día. Hay también algunos precursores de los siete años cuando el niño examina profundamente dentro de sí mismo y comienza a preocuparse.

4. *Temores y sueños*

Temores

La terrible novedad e imperfección de los modos de conducta comprendidos entre los cinco y medio y los seis años muestran su realidad en el señalado incremento de las reacciones de temor. Algunos de los temores preescolares como el temor a los perros, pueden registrar un aumento temporal; pero el niño limita ahora su temor a los perros *grandes*. Quizá se atreva a tocar a los perros pequeños y piense con anticipación en la época en que podrá tener su propio perro. Los animales salvajes pueden constituir aún una realidad atemorizadora. Leones y tigres imaginarios habitan ahora el piso alto o los fondos de la casa; mas, por extraño que parezca, estas criaturas no invaden la habitación de la madre. Es por ello que el niño de los cinco años y medio se duerme tan rápidamente en la cama de la madre. Empero, si se limpia su habitación y su ropero de animales salvajes, blandiendo dramáticamente un palo, y en especial si esa operación la lleva a cabo el padre, el niño retorna a la habitación nuevamente segura. Animales salvajes, especialmente osos, pueblan también los bosques y, por consiguiente, también los bosques son de temer. También son de temer los insectos pequeños, debido a sus zumbidos y a sus picaduras o aguijonazos. La lectura de cuentos como el de la caperucita roja, o de abejas que pican, puede muy bien ser la verdadera fuente de la negativa de un niño a volver a la escuela.

Los elementos de la naturaleza —el trueno, la lluvia, el viento y, en especial, el fuego— despiertan el temor, cada uno de forma diferente, pero particularmente debido a los ruidos que provocan. Los ruidos producidos por el hombre, tales como las sirenas, el teléfono, el ruido del depósito del baño, las voces coléricas por la tele, todos pueden despertar temor hasta que no se los localiza e identifica. El niño puede, sin embargo, protegerse tapándose los oídos con las manos. Ayudar a alguna otra persona a dominar su temor es la manera más segura de resolver una situación de este tipo. Incluso las palabras de aliento de un niño: «No temas, es sólo el trueno» pueden proteger a un gatito de un posible temor a un trueno. El acto de consolar ayuda tanto al niño como al gatito.

El niño de seis años teme también a los imaginarios duendes y fantasmas que atraviesan las paredes. Lucha compulsivamente contra estas criaturas y dramatiza cuando juega a que hay brujas y duendes en la oscuridad; mas, por el tono temeroso de su voz mientras juega, es fácil darse cuenta de que aún no ha dominado su terror. Algunos niños de esta edad, especialmente si han recibido un excesivo adoctrinamiento religioso, tienen miedo de Dios y creen que Dios observa todo lo que ellos hacen.

También los seres humanos despiertan miedo en él. El hombre oculto bajo la cama, el hombre del bosque, toman características humanas y subhumanas. Existe un temor análogo a las deformidades. Una pierna rota o enyesada influyen espantosamente sobre la idea que un niño de seis años tiene de lo humano normal. Algunos —y éstos son fácilmente individualizados y atormentados por los mismos niños a quienes temen— sienten temor de que otros niños los ataquen. El miedo de que algo le pueda suceder a la madre —que comenzó a los cinco años— persiste a los seis e incluye ahora el temor de que ella pueda morir.

Un temor difícil de comprender y que, a menudo, provoca el «derrumbe» del niño, es el miedo al más pequeño daño corporal que se le pueda infringir. Un rasguño, un desgarrón, el pinchazo de una aguja hipodérmica, la vista de la sangre, son factores que pueden producir una reacción completamente desproporcionada respecto de la causa. El control del niño sobreviene más tarde, cuando está en condiciones de cuidar de sus propias heridas pequeñas.

Con la indiscutida reorientación espacial que experimenta el niño de cinco y medio a seis años, adquiere mayor conciencia de regiones superiores e inferiores. En especial, los niños tienen con frecuencia miedo al sótano y, ocasionalmente, al altillo. La oscuridad es de temer porque se mueve en el espacio y destruye todas las relaciones espaciales. Encender una luz en medio de la oscuridad es algo digno de aprecio porque restablece esas relaciones espaciales, aunque puede producir también sombras dotadas de formas terroríficas. La presencia de otro ser humano o de un animal es especialmente necesaria en la etapa de los cinco años y medio, cuando hay que dominar el temor a los sótanos o a los altillos. La presencia de la luz basta a veces para apaciguar los temores, pero eso no sucede siempre antes de los seis años. Unas linternas bajo la almohada, una luz nocturna en la habitación, que produzca luz difusa y sin sombras, una luz en la entrada, todas ayudan a descartar estos temores que forman parte de forma importante de la imperfección del niño y constituyen una expresión relativamente normal de su inmadurez.

Existen también «temores temporales», tal como existen «temores espaciales». El miedo a llegar tarde a la escuela puede aparecer en algunos niños que han sufrido una reacción excesiva en una ocasión en la que llegaron tarde. Un temor provocado por una sola experiencia es algo común a los seis años, pero no sucedería si el niño no fuera susceptible a ese estímulo específico. A menudo, la situación primaria se desconoce porque puede haber una demora de hasta dos o tres meses hasta que el niño no expresa su temor, sea en palabras, sea en un sueño. Por ello, conviene que los padres se mantengan informados de las experiencias de sus hijos, tanto en casa como en la escuela.

Comprender el mecanismo de los temores es imperativo para el padre de un niño de seis años. En general, se puede pensar que los temores se «introducen» cuando el niño adquiere conciencia de algo que no puede comprender o dominar. Su primera reacción consiste en apartarse. Esta etapa de fuga puede durar una fracción de segundo o persistir varios meses. Es el método de protección del niño, consistente en esperar hasta estar mejor organizado para hacer frente a la situación de la que él se ha apartado. Después, ya más capacitado, el niño atravesará un período en el que se aproxima a esa situación en forma compulsiva.

Con demasiada frecuencia, las experiencias llegan al niño prematuramente. Un ambiente atento, comprensivo, conocedor, podrá protegerle de ciertas experiencias, hasta que se halle relativamente capacitado para afrontarlas. Esto no quiere decir que el niño no debe llevar una vida aislada, estéril, sino que un niño de seis años no debería ver películas donde aviones envueltos en llamas se precipitan sobre la tierra; que no se le deben leer cuentos de niños devorados por osos, o sobre princesas convertidas en piedra; que no se debe dejar sola a una niña en la calle, para que entable conversación con extraños. Y no se debe obligar a un niño de esta edad a acumular lecturas de párrafos y párrafos en su cerebro, cuando sólo tiene capacidad para memorizar dos letras.

Esta protección no excluye el hecho de que, a una edad ulterior, el niño busque las experiencias a las que ahora escapa. A los ocho años, no hay acción suficiente para satisfacerlo. De esta forma, resolverá su anterior alejamiento —mediante un acercamiento compulsivo a las mismas regiones de las que antes se había apartado—. La duración de la etapa compulsiva puede muy bien igualar a la duración de la etapa anterior de alejamiento. Por consiguiente, el medio debería acortar esta etapa, dentro de lo posible, regulando mejor el momento de la experiencia inicial. A veces, cuando la experiencia ha sido demasiado prematura, el niño se obstina de tal manera en la posición de alejamiento que el ambiente se ve obligado a tomar parte activa en su resolución. El niño no puede dominar la situación por sí solo. Según la situación o la personalidad individual, el medio puede construir respuestas positivas mediante progresiones muy pequeñas, o bien empujar al niño a una etapa compulsiva de acercamiento, la cual, una vez satisfecha, puede llevarle a la resolución del problema.

Sueños

Los sueños del niño de seis años, así como su conducta durante la vigilia, tienden a extremos diametralmente opuestos: gracioso o terrible, bueno o malo, payaso alegre o león colérico. Los animales salvajes como los zorros, osos, tigres o serpientes no sólo entran en su cama, sino que también le muerden y le persiguen. A pesar de ello, por lo general soñar con animales salvajes es menos frecuente que a los cinco años. Los animales domésticos como el perro, el gato y el caballo comienzan a habitar los sueños del niño. El perro puede perseguirle, pero estos animales domésticos son mucho menos atemorizadores y generalmente forman parte de sus sueños «buenos».

El más común de los elementos con los que sueña es el fuego. Seis sueña que se incendia una casa —o, más específicamente, su propia casa—. Quizás sueñe también con el trueno y el rayo, o con la guerra.

Lo cuasihumano, representado por fantasmas y esqueletos, produce terrores oníricos en el niño; pero también hay ángeles oníricos que cantan para tranquilizarlo. Las niñas, en especial, sueñan con hombres malos que se aparecen en las ventanas, o que quizás estén efectivamente dentro de sus habitaciones, escondidos bajo algún mueble.

Los seres humanos ocupan ahora un mayor lugar en los sueños del niño. Éste sueña con su padre, con sus hermanos, con sus compañeros de juegos, o consigo mismo en relación con otra gente. Las niñas quizá sueñen que la madre ha muerto o esté herida. Seis puede soñar que los padres lo han abandonado y está solo en la casa, con el perro. Pero cuando sueña con sus compañeros de juegos, sueña cosas más felices, con fiestas y con diversiones en la playa.

Con frecuencia, ríe mientras duerme, o bien habla en voz alta. En sueños, llama a su madre, a sus hermanos y a sus compañeros por el nombre y muestra inclinación a dar órdenes: «No hagas eso»; «Deja eso».

Las pesadillas son ahora menos comunes que a los cinco años, si bien algunos niños —en especial los de sexo masculino— siguen sufriéndolas sin poder decir con qué sueñan durante su transcurso. Si se despierta, el niño de seis años es capaz, por lo general, de ir a la cama de la madre en busca de consuelo.

Si consideramos una serie de sueños, algunos niños se atienen más o menos a un modelo fijo; otros, en cambio, revelan cambios de un sueño a otro. La resolución se logra más fácilmente cuando el patrón de los sueños muestra un desplazamiento. El niño puede soñar que la casa que está en la esquina de su manzana se incendia; luego, que se incendia la casa que está en medio de la manzana y, finalmente, que se incendia su propia casa. Una niña de seis años puede soñar que su madre fue asesinada; luego, que ella y su madre fueron asesinadas y, finalmente, que sólo ella fue la asesinada. Aunque resulta difícil descubrir el contenido de gran cantidad de pesadillas, probablemente exista cierta repetición estereotipada en la estructura, que necesita el empuje de la variación para obtener una resolución.

5. *Personalidad y sexo*

Personalidad

Seis es el centro de su propio universo. Quiere, y necesita, ser el primero, el más querido, quiere ser elogiado, quiere ganar. Su regla, según dice la madre, es «Todo para Juanito». Cree que su forma de hacer la cosas es la correcta y quiere que los demás hagan las cosas de esa misma forma. No sabe perder con dignidad, ni aceptar críticas. No le importa especialmente agradar a los demás, pero sabrá gustar a los demás para agradarse a sí mismo.

Seis es su propia persona, unilateral e imperiosa. Opera con una predisposición dirigida hacia sí mismo. Es autoritario, quiere que las cosas se hagan como él dice, domina una situación y está siempre dispuesto para aconsejar. Unos pocos niños de esta edad quizás tengan alguna conciencia de sí mismo como entidades individuales similares a los demás, pero únicas en sí mismas. Un niño más integrado fue capaz de expresar esto escribiendo: «Yo soy yo». Otro niño de la misma edad pensaba así de la palabra «persona»: «Mamá es una persona, papá es una persona, yo soy una persona: tres personas». A los seis años, el niño comienza a interesarse por su propia estructura anatómica.

Aunque pueda vislumbrar una noción de sí mismo como persona, Seis no se comporta como una persona completa. Es extremadamente dominante en cuanto a las cosas que le pertenecen y acusa un marcado retorno al uso de los posesivos «mí» y «mío». Este rasgo recuerda su personalidad de los dos años y medio. Se siente muy seguro cuando adquiere el dominio de una situación. Entonces, se pavonea, actúa con independencia, se vanagloria, transforma cualquier error en éxito mediante observaciones restrictivas y le gustaría, si pudiera, provocar una riña entre sus padres. A menudo, ostenta la arrogancia de un dictador en el ejercicio de sus nuevos poderes.

Cuando el mundo exterior incide adversamente sobre su personalidad, es empecinado, obstinado, poco razonable y se aturulla fácilmente. Remolonea, se desalienta, presta poca atención o se excita excesivamente, en especial cuando establece la relación entre él y algunos acontecimientos especiales. El elogio es el único de estos tropiezos que puede absorber con facilidad.

Tal como un rey necesita de su bufón para un pequeño descanso, en ocasiones, Seis parece necesitar el regreso a la infancia. Algunos niños de esta edad mantienen conversaciones consigo mismos en la medio lengua de los primeros años. Otros se dirigen en esa medio lengua sólo a un hermano menor o a un niño menor. Otros hablan esta medio lengua, durante cierto tiempo, en todo momento y a todo el mundo, para gran irritación de sus padres. Unos cuantos no quieren ser bebés sólo mediante el habla y quizás representan dramáticamente trozos sobresalientes de la vida de un bebé. Tal vez otros niños deseen volver a las primeras etapas de la infancia, pero no se atreven a mencionarlo a nadie, hasta que finalmente susurren a oídos de la madre su deseo, agregando la causa: «Así no tendré que hacer cosas».

El niño de seis años desplaza fácilmente su personalidad actual hacia una personalidad anterior más joven, es decir, hacia una personalidad infantil, pues parece tener un gran poder para fingir cualquier cosa. Podrá ser un animal, un ángel, una princesa, un bombero o un padre. Demuestra su mayor grado de organización cuando se vuelca por completo en algún papel imaginario. Este practicar ser algo o alguien diferente es —con toda probabilidad— un paso de importancia en el camino hacia la total comprensión de su propio sentido de la personalidad.

El sentido de sí mismo del niño también se refuerza de alguna manera —probablemente— a través de su interés por la conducta de sus amigos. A esta edad hay un enorme interés por la conducta de los amigos, por determinar si hacen las cosas correctamente o no, por saber cómo se comportan. Un niño de seis años decía de una compañera de clase: «La niña más mala de la clase, y sus dos tíos están muriendo por ella en el ejército». Con frecuencia, el niño proyecta sus propios sentimientos sobre los demás y luego los critica por ellos. El adulto siente que el niño de seis años es «fresco», pero el niño se queja de lo mismo respecto de sus amigos: «Es tan fresco», «Ella cree que es todo». O con mayor detalle: «Con esos rizos que se menean para arriba y para abajo, ella se cree una princesa. Pero no lo es. ¡Deberías ver sus dibujos!».

Su sentido de sí mismo se está edificando también debido a sus riñas con la madre y a su creciente separación de ella. Esto se expresa en sus frecuentes resistencias ante la madre y también en sus reacciones algo contradictorias respecto de ella: afecto intenso en un momento y antagonismo intenso al momento siguiente.

El niño de seis años empieza a experimentar un mundo exterior cuando va a la escuela y este mundo de extramuro puede tener normas y reglas algo diferentes de las que ha conocido en su casa. En cuanto las autoridades de la escuela y del hogar entran en pugna, también él sufre un conflicto. Aun cuando no existe un marcado conflicto de autoridad, muchos niños de esta edad encuentran dificultades para orientarse en dos mundos diferentes: el de la casa-madre y el de la escuela-maestra.

Al niño le gustan las nuevas experiencias y las busca; pero tiende a diferenciar poco y a discernir poco. Para él, «todo está en todas partes». Su apreciación de la escala o de la jerarquía es limitada y le molesta que su madre posea más cosas que él.

Sexo

La relativa inactividad de los cinco años desaparece a los seis. Los intereses sexuales se amplían y penetran en numerosos campos nuevos y variados. A los seis años, el niño se interesa por el matrimonio, el origen de los bebés, el embarazo, el nacimiento, el sexo opuesto, el papel de cada sexo, y por un nuevo bebé en la familia. Los hechos de la relación sexual escapan aún a su comprensión. Unos pocos niños de esta edad, a quienes otros niños mayores informan sobre este aspecto, recurren por lo general a las madres para confirmar o rechazar esa información. Luego, abandonan generalmente el problema y el niño demuestra escaso interés hasta los ocho años, o incluso más tarde. Seis quizás añore la época en que era un bebé y trate de recuperarla representando dramáticamente algunos modales infantiles. Estos modales resultan más fáciles de reproducir si en la casa hay algún bebé. Seis incluso puede llegar hasta a ponerse pañales y orinar luego en ellos. Imita a su hermano menor y le deleita especialmente con su versión de la medio lengua de los bebés.

Seis ríe, a veces incontrolablemente, ante las palabras que reflejan la necesidad de ir al baño, como «pípí» o «caca»; ríe ante un par de bombachas; ríe ante situaciones de «toilette» y a la vista de un ombligo. Hay un humor bullicioso en la farsa de los niños de orinar en la falda de su madre o de orinarse uno a otro; o, para las niñas, pretender que son varones intentando orinar de pie. Los niños muestran una propensión especial a descubrir sus genitales ante las niñas; éstas, a sacar los pantalones a los niños menores que ellas. Si un niño mayor, en especial uno de ocho años, juega con uno de seis, el juego evolucionará hasta jugar al médico y tomar temperaturas rectales. Un lápiz, el extremo de goma de un lápiz, el extremo de una pera para enemas o el verdadero termómetro de madera que forma parte de los equipos de juego para niños, son elementos que utilizarían a ese efecto. Dado que dicho juego está estimulado a menudo por el hecho de que durante las enfermedades del niño se le han tomado temperaturas rectales, quizá fuera más conveniente tomar la temperatura oral. Hacia los cuatro años, la temperatura oral es digna de confianza el niño deja que se la tomen, especialmente si se permite al niño tomar al mismo tiempo la temperatura de su osito. Este tipo de juego sexual se puede controlar también con relativa sencillez si se establece como regla que sólo se permite ir al baño a un niño por vez.

Si bien es cierto que los papeles y los órganos distintivos de los dos sexos están bastante bien definidos en la mente del niño de seis años, todavía se podrá preguntar por qué su madre no tiene pene. Sabe que sólo las mujeres tienen bebés y, sin embargo él, como niño, puede sentirse intranquilo porque nunca podrá tener un bebé, o incluso puede temer que en su interior esté creciendo un niño. Unos pocos niños aún quieren pertenecer al sexo opuesto. Una niña de seis años se vestía como un niño, se metía el cabello bajo una gorra, exigía que le llamaran Juanito y jugaba con un camión.

Algo que interesa mucho a los seis años es el matrimonio. El niño está seguro ahora de algo que no le resultaba claro en los años preescolares: que uno contrae enlace con un miembro del sexo opuesto. Pero este miembro del sexo opuesto puede ser su madre, su tía, una hermana o una niña de su misma edad (o bien, en el caso de una niña, su padre, un tío o un hermano). A menudo se proyectan matrimonios múltiples. Existe alguna vaga idea de que al matrimonio siguen los hijos, pero también pueden preguntar si una mujer puede tener un bebé sin estar casada.

Seis está más interesado en saber cómo sale el bebé que en cómo se inicia. Podrá pensar espontáneamente que nace por el ombligo; pero acepta fácilmente la seguridad de que existe un lugar especial entre las piernas de la madre por el cual sale el bebé, llegado el momento. A algunos niños les preocupa cómo sabe la madre cuándo es el momento de ir al hospital, y también si duele cuando el bebé nace. La presencia del médico «para ayudar» mitiga cualquier exceso de importancia concedido al dolor. A algunos les resulta difícil concebir una posible abertura que sirva de salida al bebé, y si el niño presencia el nacimiento de algún cachorro, quizás pregunte: «¿Quién va a coser el agujero?».

El embarazo no despierta mucho interés en un niño de seis años. Aún tiene escasa conciencia del aumento de tamaño del abdomen, aunque se trate del de su propia madre. Es poco conveniente hablarle del próximo bebé mucho antes del esperado nacimiento. Uno o dos meses constituyen un lapso de espera suficiente para él.

Seis comienza ahora a interesarse por saber de dónde vienen los bebés. Si se le ha contado algún cuento, como que Dios hace a todos los bebés, humanos y animales, le resultará difícil conciliar este hecho con su conocimiento de los perros que tienen cachorros, de la gata que ha tenido gatitos y de la vecina que ha dado a luz un bebé. Ahora, parece captar la idea del bebé desarrollándose a partir de una semilla y ya no le confunde relacionar la semilla con la tierra. Un niño de esta edad, sin el estímulo usual de la semilla, pensó que él había venido de la tierra; comenzó a contar hacia atrás a partir de su edad en ese momento, hasta llegar finalmente al año de edad, y preguntarse dónde había estado antes. Preguntó entonces: «¿Vine de la tierra?»; pero aceptó finalmente el hecho de haber venido del «estómago» de su madre. La curiosidad con respecto al papel del padre no aparece, de ordinario, antes de los siete u ocho años.

Seis desea que su madre tenga otro bebé, aunque haya un bebé en la familia. Por lo general habla del bebé como un hermano o hermana. Algunos niños de seis años especifican que quieren un bebé de su mismo sexo o del sexo opuesto, mientras que otros se sentirían satisfechos de ambos modos. Puede ocurrir que una niña rechace a los niños como posibles hermanos porque se «pelean».

6. *Relaciones interpersonales*

Seis es una edad de prueba para más de un padre. Una de nuestras madres informa de que le asustaba cada mañana la idea de levantarse porque significaba una continua contienda con su hijo de seis años —una lucha «larga, larga, larga»—. Otra madre informa, en igual sentido, que no podía descuidarse un solo segundo, pues «si tiene una probabilidad sobre mil, la aprovechará instantáneamente».

Estos comentarios pueden parecer exagerados, pero se adaptan exactamente a las tensiones sociales tan propias del medio y de los seis años. Ningún otro período plantea mayores exigencias al sentido de la perspectiva y al sentido del humor. Si la madre reconoce el carácter transicional de esta conducta tan intensa, el niño se vuelve mucho más dócil y mucho menos irritante. Si, por el contrario, sus estallidos encuentran una sensibilidad exacerbada, la vida se le hace mucho más complicada. Y la madre debería, prudentemente, economizar sus sentimientos. Debería contar hasta diez antes de reaccionar en forma personal ante un vehemente: «No me gustas. Eres mala y mezquina. ¡Voy a darte una patada!». Ella se siente inocente, pues todo lo que ha hecho ha sido alterar el ángulo de la almohada al preparar la cama del hijo. Pero el niño posee una delicada psicología sobre la que la menor cosa actúa como un gatillo y resulta más fácil aceptarla que comprenderla.

Poco bien hará el castigo. El niño reaccionará con arrepentimiento o furia momentáneos, pero sin ninguna mejoría de largo alcance en su conducta. Se sentirá más unido a la madre si ella le cuenta la historia de otro pequeño de seis años, muy malo. Quizás este otro niño amenazaba con tomar un hacha y degollar a su madre, o quizá deseaba que sus padres perecieran en un incendio. Cualquiera que sea la historia, ésta debe constituir un paralelo de los propios actos y experiencias del niño real. Lo que la madre imaginaria hizo, o lo que dijo a su retoño, adquiere suma importancia para el niño de seis años, profundamente atento al relato. Quizás pueda también captar alguna idea no sólo de cómo actúan los niños de su edad, sino del tipo de experiencias que se acumulaban para hacerles actuar como lo hacen.

La mejor manera de manejar la conducta difícil, rígidamente explosiva, que la madre encuentra a los cinco años y medio es el empleo de métodos preventivos, bien accediendo, bien sugiriendo lo opuesto al comportamiento deseado. Deben evitarse, siempre que sea posible, los choques directos de voluntad entre madre e hijo. Los padres adoptan a menudo una actitud directa y fuerte, que se hace agotadora para el niño. Nos informan: «Hay que sujetarlo, o ser firme con él». «Hay que machacar las cosas hasta que le entren», o bien: «No le escuchará a menos que uno esté enojado con él». Un enfoque indirecto, o la presentación de posibilidades diversas, tiene mucha mayor probabilidad de colocar al niño en buen camino. Hacer con él lo que se le pide puede hacer emerger a la superficie su escondido, pero latente, sentido de cooperación. Rechaza las tareas impuestas, pero le deleita hacer cosas en compañía de otra persona, especialmente de su madre.

Seis es sensible a los estados de ánimo, emociones y tensiones de sus padres, aunque éstos crean que han ocultado sus sentimientos ante el niño. Seis descubre también rápidamente cualquier cambio de expresión facial y reacciona de mala manera al levantamiento de la voz. No puede tolerar ver llorar a su madre, se vuelve comprensivo cuando ella está enferma y puede revelar ansiedad por su bienestar. Aunque se le describe a menudo como «peleado» con la madre, en realidad es sumamente ambivalente con respecto a ella. Puede decirle «Te quiero» y, un minuto más tarde, «Te odio». Es muy cariñoso con la madre y, sin embargo, todas sus rabietas van dirigidas contra ella. Ansía que ella le ayude, especialmente en las tareas domésticas, y sin embargo se niega con frecuencia a aceptar esta ayuda.

En contraste con su sensible percepción de la otra persona, está el tipo de comportamiento tan a menudo calificado de descarado, desagradable, insolente, impúdico, jactancioso, rudo y peleador. Cuando este aspecto de la naturaleza del niño se vuelve hacia la abuela, por ejemplo, pueden producirse resultados desgraciados. Las abuelas —y los parientes en general— asumen a menudo derechos que, con mayor prudencia, no tomarían si previeran de antemano los posibles resultados. La madre, a pesar de las frecuentes riñas que mantiene con el niño, constituye, en realidad, su único apoyo, y es a quien verdaderamente necesita; aun así, debe, si la ocasión lo requiere, «obligarle» a hacer cosas. Por lo tanto, un simple pariente puede percibir una respuesta de este talante: «No quiero, y tú eres sólo mi tía y no puedes obligarme».

Seis asume a menudo una actitud de sabelotodo que le hace parecer tiránico. Una contestación respetuosa de la madre suavizará esa arrogancia. Los padres necesitan estar alerta cuando corrigen o critican a un niño de seis años, pues probablemente se vuelva contra ellos de alguna manera. Unos pocos niños reaccionan con resentimiento interior, algunos pueden cambiar de tema, otros atacarán con palabras y puños.

A pesar de toda esta conducta furiosamente imperiosa, el niño de seis años aún anhela afecto. Necesita contar con la seguridad verbal del cariño de la madre. Puede suavizarse hasta el punto de sentarse sobre las rodillas del padre cuando éste le lee algo. En ocasiones, tiende un velo de intimidad alrededor de sí mismo y de uno de sus progenitores compartiendo con éste un secreto, incluso en idioma extranjero. Cabe suponer que el otro progenitor ignora todo lo referente a este secreto. Le agrada provocar una relación de profundo sentimiento con la madre mediante alguna sorpresa agradable (como el tomar la leche sin protestar).

El padre puede y debe desempeñar un papel de importancia en la vida del niño de seis años. Se informa de que las niñas «se enloquecen» por sus padres y exigen de éstos que las besen antes de acostarse. Los niños edifican una relación padre-hijo compuesta de afecto y admiración. Quizás exijan cada uno de los minutos del padre; responden bien a una conversación alentadora con él y cuando el padre los acompaña al consultorio del médico, hay menos probabilidad de que lloren. Tiene algo de delicioso y estimulante hacer algo junto con el padre: cuidar el jardín, pintar las persianas, viajar en tren, jugar a algo especial o, simplemente, contarle todas las dificultades y preocupaciones.

Quizá se produzca una asombrosa mejora en la facilidad y suavidad con que el niño acepta la hora de acostarse cuando es el padre quien se encarga de ello, especialmente en ausencia de la madre. El niño tomará incluso sus baños con muy escasa supervisión, instruyéndole al padre de que debe leer el diario mientras el niño acomete la tarea de bañarse por sí solo. El momento de dormir puede retrasarse una media hora cuando se encarga de ello el padre. Hasta el vestirse por la mañana adquiere un nuevo sentido de independencia y camaradería cuando el padre está cerca.

La madre se beneficiará si el padre se hiciese cargo de acostar al niño dos o tres veces a la semana. Con este respiro, madre y niño lograrían un mejor ajuste mutuo, pues si bien es cierto que el niño quizás no pueda vivir con la madre, también es cierto que no puede vivir sin ella. El mismo crecimiento trae sus períodos de alivio, pues, de pronto, en medio de un período agotador, un interludio de dos semanas de calma angelical viene a descender como venido del cielo. El padre entra en la casa de puntillas, al anochecer, y susurra su incrédula pregunta: «¿Es todavía el mismo?». Los padres deberían gozar a fondo de este momento de calma, pues seguramente pronto llegará a su fin.

Seis no trata bien a su hermano menor sin considerable planificación y supervisión por parte de la madre o del padre. Unos pocos, que tienen dificultades con niños de su misma edad, juegan bien con sus hermanos menores, de quienes se muestran devotos y orgullosos; por la noche, desean ardientemente compartir la habitación con ellos, especialmente a los cinco años y medio. Sin embargo, como regla general, sólo ocasionalmente juegan bien con sus hermanos. Aunque quizás a los cinco años y medio se dirijan a un hermano menor hablándole la medio lengua de los bebés, a los seis años se muestran más interesados en enseñarle. También les gusta provocar en él reacciones, haciendo toda clase de ruidos o recurriendo a cualquier otro recurso. Quizás traten de acicatear al hermanito para que se porte mal, con la esperanza de verlo así castigado.

Seis insiste en ser el primero en todo, y todo su día se echará a perder si su hermanito baja a desayunar antes que él. Se siente celoso de cualquier atención o regalo dispensados al hermano menor. Si un invitado lo pasa por alto involuntariamente, la madre podrá tranquilizarlo inmediatamente mediante un sencillo regalo de apaciguamiento. Se necesitará contar con una reserva grande de este tipo de regalos, y tenerlos al alcance de la mano, cuando haya un hermano menor en casa. Unos pocos niños de seis años llegan hasta el extremo de exigir un duplicado de gran parte de los juguetes del hermanito.

Seis puede mostrarse prepotente con el hermano menor: discute con él, se burla, lo intimida, lo atemoriza, lo atormenta, le hace llorar, lo golpea, se enoja y, en ocasiones, lucha denodadamente con él. Algunas veces, es el hermano menor el que irrita al de seis años. Seis mantiene relaciones relativamente buenas con un hermano mayor, pero esta relación tal vez constituye un estímulo excesivo.

Aunque algunos niños de esta edad juegan bien solos, Seis quiere jugar generalmente con otros niños. Una proporción considerable no tiene dificultades en jugar con niños de la misma edad, o con otros algo mayores.

La regla general es que los niños se agrupen en parejas, aunque se forman algunos grupos más numerosos, siempre pequeños. La composición de estos grupos es muy variable y la actividad colectiva puede desarrollarse de manera tan desorganizada que cualquiera de los componentes del grupo puede abandonarlo sin perturbar el desarrollo del juego. Dos niños excluirán de su grupo a un tercero. El niño se preocupa por saber con quién juegan los amigos: «¿Estás jugando con Fulano? ¡Muy bien, entonces no jugaré más contigo!». Seis no se lleva muy bien con sus amigos en el juego, aunque demuestra considerable interés por ellos y habla de sus «amigos de la escuela» y de sus «compañeros». Los niños se preocupan mucho por saber si sus amigos engañan o hacen las cosas mal, y hay una apreciable cantidad de habladurías.

En cuanto a los niños menores, Seis se inclina a tratarlos de la misma forma en que trata a un hermano menor. Se impone y se burla y, si no se le vigila, hará llorar a un niño menor.

Por lo general, la actitud de los demás niños adopta dos formas extremas: o bien Seis goza del favor de los demás, quienes le buscan, o bien se le rechaza y se le excluye de los juegos.

Algunos Seis rondan alrededor de una niña de igual edad, como si fuera una reina. Ella, a su vez, rechazará a uno tras otro, con tono real. Otra niña dominadora quizá provoque el llanto de toda una serie de niños que se han negado a jugar «como ella quiere». Algunos niños de seis años sufren burlas y ataques. Los niños mayores pueden estar esperando el momento oportuno para burlarse de uno de seis, para deshacerse de ellos, o simplemente para mandarles a casa. Algunos Seis pierden el apetito y otros pierden el control y se encolerizan como respuesta a tales burlas.

Frecuentemente, Seis es brusco en sus juegos. Amenaza con marcharse a casa, riñe, insulta, empuja, tira del cabello, patalea y pelea cuando las cosas no se desarrollan tal como él quiere. Algunos no saben jugar bruscamente, se aterrorizan ante el combate físico y deberían ser protegidos convenientemente por padres y maestras hasta alcanzar los ocho años, edad a la que un niño es capaz de hacer frente a experiencias más rudas.

En vista de las múltiples dificultades del niño de seis años en el campo de las relaciones interpersonales, no debemos esperar que se sienta muy cómodo con la gente, o muy dispuesto a conocer gente. La mirada en blanco, la incapacidad de decir siquiera «Hola», la involuntaria falta de urbanidad, todo ello forma parte de su naturaleza inexperta. Dentro de un año podrá hacerlo mejor; ¿por qué, entonces, plantearle exigencias excesivas con un año de anticipación?

7. Juegos y pasatiempos

En general

En sus juegos, Seis amplía su campo de acción, como lo hace en todo lo demás. A los cinco años, sus episodios de juego eran restringidos y limitados; su panorama y sus movimientos se amplían ahora. La madre dice: «Cualquier cosa que hace, ocupa toda la casa».

Seis continúa muchos de sus intereses de los cinco años, pero con sentimientos más intensos. La madre informa de que «le *encanta* pintar y colorear». Recortar y pegar figuras es algo que se hace según las necesidades. Dibuja más activamente que antes. Los niños prefieren dibujar aviones, trenes, rieles de ferrocarril y barcos, con alguna persona ocasional; las niñas, en cambio, prefieren dibujar personas y casas.

Hay un verdadero retorno del anterior interés por la tierra y el agua. Los niños de seis años se deleitan en sus «tiendas de desperdicios» y se divierten haciendo caminos y casas de barro. Los niños se dedican especialmente a cavar. Los pozos se convierten en túneles y madrigueras, cubiertos con tablones a manera de techo. El cavar puede evolucionar hacia la jardinería y la siembra de semillas. Pero, una vez comenzado, Seis descubre que es demasiado difícil seguir adelante con el cuidado de su jardín.

Una de las exigencias nuevas más positivas que plantea el niño entre cinco y medio y seis años es la de poseer una bicicleta. Los niños piden también, a menudo, un coche autodirigido. Más que en la mera posesión, el afán de la bicicleta parece basarse a esta edad en una necesidad y un deseo de ejercicio locomotor de las piernas y de equilibrio locomotor del cuerpo. Muchos niños quedarán satisfechos si pueden pedir prestada una pequeña bicicleta hasta aprender a manejarla y tener alguna experiencia feliz. Satisfecha esta exigencia, la propiedad de una bicicleta puede posponerse hasta que el niño esté más preparado para afrontar tal responsabilidad.

Las diferencias de sexo en la elección de juegos se definen con mayor claridad. Sin embargo, ambos sexos encuentran un campo de acción común en la actividad motriz gruesa y en el juego imaginativo. A ambos sexos le gusta patinar sobre ruedas, columpiarse, nadar y hacer ejercicios en la barra fija. Ambos se entregan a juegos de pelota, pero las niñas tienden a hacer botar una pelota, mientras que los niños ensayan los rudimentos del fútbol. Las niñas se deleitan saltando a la cuerda.

La rápida capacidad de Seis para fingir e imaginar cosas enriquece sobremanera su vida lúcida. Una cama se transforma rápidamente en fortaleza; un grupo de sillas, en barco. Las niñas muestran mayor tendencia a jugar a la escuela, a la casa y a la biblioteca, sin prejuicio de que algunos niños se muestren a menudo dispuestos a acompañarlas. Las niñas quieren también vestirse de mayores, incluyendo sombrero, zapatos, pintura y abrigo, y pueden en ocasiones convertir su juego en una representación dramática. A los cinco años y medio, se juega mucho con muñecas, principalmente vistiéndolas y desvistiéndolas. Las muñecas desnudas llenan la casa y el cuarto de juego. Hacia los seis años, el juego con muñecas llega a su punto culminante. Hay un interés muy grande en todos los accesorios: ropas para muñecas, bolsos para muñecas, canastos, columpios, cocinas para muñecas, etc. El juego de la casa —que incluye el empleo de muñecas— goza decididamente del favor de los niños. El papel de la madre es, con mucho, el favorito y hay una marcada aversión a personificar al bebé. Por lo general, si hay algún niño menor, se le obliga a representar este papel inferior.

Los niños pueden tomar parte en los juegos de la casa y la escuela, pero muestran mayor inclinación a jugar a la guerra, a los vaqueros, a vigilantes y ladrones. Hacer fuego contra el enemigo y ocultarse para esquivar sus ataques son dos formas características del juego.

Los niños demuestran señalado interés por el transporte y la construcción. Además de un interés muy genuino por los trenes eléctricos, se muestran atraídos por los aviones y, más especialmente, por los barcos. Quizás algunas niñas compartan con ellos la atracción por los juegos de construcción y por las actividades de carpintería. A esta edad, muchos niños comienzan las «colecciones» que más adelante les requerirán tanto tiempo, tanta energía y tanto espacio. En este momento, estas colecciones son sumamente diversas y poco diferenciadas, y abarcan principalmente juguetes, papeles de fantasía, tarjetas de Navidad u objetos de la más variada especie.

Si se le pregunta qué es lo que más le gusta hacer, Cinco y medio contesta: «Jugar con *mi* muñeca, bicicleta, caja de construcciones, tren, coche o camión». La respuesta de Seis es: «Jugar con soldados» o «Jugar con muñecas».

Lecturas y números

Seis toma una parte más activa en la lectura. Como ha oído repetidas veces la lectura de sus libros favoritos, puede «leer» cuentos de memoria, como si leyera verdaderamente en voz alta la página impresa. También se interesa por reconocer palabras en libros que le son familiares, y en revistas. Se deleita escribiendo mayúsculas de manera que formen verdaderas palabras y también se deleita con sencillos deletreos orales, como juego. Los varones, en especial, gozan pensando en números y les gusta leer cualquier número que cae bajo su vista. Muchos de los juegos de mesa del niño de seis años se adaptan bien a sus intereses particulares. Sus favoritos son los anagramas, el dominó, las damas chinas y los juegos sencillos de naipes, basados principalmente en emparejar cartas del mismo número.

Le siguen gustando los cuentos de animales, pero extiende también sus intereses hacia la naturaleza y los pájaros. A muchos niños de seis años les gusta la poesía. Las historias cómicas del diario y los libros de historietas con cuentos de animales comienzan a adentrarse firmemente en su vida.

8. *Vida escolar*

Seis anticipa positivamente su ingreso al primer curso. La madre le acompaña, por lo general, el primer día de clase; pero su adaptación se asegura mejor si ya ha visitado a la maestra y ha visto el aula y los materiales antes de su introducción en el grupo escolar. A la mayoría de niños le gusta la maestra y quieren «trabajar verdaderamente» y «aprender». Quieren hacer «todo» y «hacer demasiado». El disgusto por la escuela no aparece, normalmente, hasta el final del primer año, cuando el niño —por una u otra razón— no ha podido mantener su lugar dentro del grupo. Sin embargo, a menudo alguna experiencia desagradable hace que el niño se niegue a asistir a la escuela durante uno o varios días. Quizás le asustó algún cuento, o debió calzarse solo los chanclos, o se le pidió que contara y pasara luego las galletitas. Acaso limite su negativa a un solo día, durante el cual se desarrollará alguna actividad que no le resulta del todo agradable. Incluso puede querer ir a otra escuela, tal vez una a la que ya ha concurrido anteriormente.

Incluso con el mejor de los tratos, Seis sentirá probablemente cierta fatiga debida a sus dificultades de adaptación y sufrirá su cuota de catarros. Dos semanas después de comenzar las clases, las ausencias se transforman en cosa común durante el resto del año. Pero pueden instituirse algunos controles para disminuir esas ausencias. El niño de seis años no está preparado para asistir a la escuela todo el día; se beneficia todavía con un período de descanso activo en su casa, solo. Quizá para Navidad se adapte ya a una sesión escolar de todo un día. En algunos grupos, el lunes es el día más pobre, después de un fin de semana en casa; en otros, es el viernes, después de una semana de asistencia a clases. La mejor manera de planear los ajustes es adaptándolos a cada grupo.

La relación mutua entre la casa y la escuela tiene suma importancia para el niño de seis años. Lleva muchas cosas a la escuela: animales de juguete, muñecas, flores, insectos, frutas y, especialmente, libros. Lleva todas estas cosas para mostrarlas a sus compañeros y, más especialmente, a la maestra. También puede llevar bizcochos para todo el grupo. Del mismo modo, lleva cosas a su casa: sus dibujos y sus trabajos de carpintería. La opinión de sus padres ante estos trabajos significa mucho para él. La emoción del año se produce cuando lleva a su casa la primera lectura que ha podido dominar; es de esperar que los padres no le critiquen ni le destaquen los errores en ese preciso momento de triunfo.

Los padres se sienten a menudo desilusionados de que su hijo les informe tan poco sobre sus experiencias escolares. Seis muestra mayor inclinación a contar historias acerca de las acciones malas de otros niños o a jactarse exageradamente respecto de las suyas. La mayor parte de las historias del grupo se referirán, seguramente, al niño que destaca por su no conformismo. Un período de conversación a la hora de acostarse es la mejor oportunidad para que el niño de seis años hable de sí mismo y de sus experiencias escolares.

Las entrevistas entre madres y maestras, sean telefónicas o personales, son un medio de mantenerse mutuamente informadas de los rasgos significativos de la conducta del niño en casa y en la escuela. No sólo la maestra se beneficia con estas entrevistas: la madre siente que forma parte de la familia escolar y que está lista para intervenir y ayudar cuando se la necesite.

Al caracterizar la conducta de los alumnos de primer grado, las maestras hacen los siguientes comentarios: «Un día resulta

apasionante enseñar a un primer curso; al día siguiente, sumamente aburrido». «A veces, hay que trabajar mucho; otras el
trabajo es nulo.» Hay oscilaciones muy amplias en la conducta.
«Las cosas se producen por períodos, como hablar en voz alta
todo el tiempo. Una encara esa conducta específica, trata de
contarrestarla de la mejor manera posible (el antídoto es susu-
rrar) y, de pronto, ese comportamiento ha desaparecido y, en el
mismo momento, algún otro ha ocupado su lugar.»

A pesar de estos altibajos, de estos extremos, Seis desea
seriamente trabajar. Sería continuamente feliz si la vida fuera
sólo una larga serie de comienzos. Jadea de excitación en su
ansia de abocarse a una nueva tarea. Es el desarrollo de esa
tarea lo que le confunde. Querrá abandonarla, pero con ayuda
de la maestra quizás vislumbre el fin y, entonces, se siente
emocionado por la idea de atacar el final como si fuera un
nuevo comienzo. Cualquier ayuda o elogio de la maestra le acicatea; trata de conformar y de agradar a la maestra y a sí
mismo. Le gusta la oportunidad de mostrar el producto de su
trabajo y de hablar a propósito de él.

El programa de actividades de los seis años comprende:
carboncillo, pintura, arcilla, carpintería y construcciones con
bloques grandes para el aire libre —materiales familiares al
niño desde los días del parvulario—. Sin embargo, el niño se
acerca ahora a ellos de forma más espontánea y más experimental. Los productos de su labor demuestran mayor sentido
de la creación, aunque, durante un período breve, el niño repi-
ta una y otra vez la misma pintura o el mismo dibujo. Requiere
una guía y una ayuda sencillas para planear lo que desea hacer
y necesita también guía a lo largo del camino. No tolera, con
todo, la intervención directa.

Su nueva hazaña es aprender el empleo de símbolos en la
lectura, la escritura y la aritmética. Le gusta especialmente el
trabajo oral colectivo, puesto que es un conversador incesan-

te, pero es más flexible que a los cinco años y le agrada la diversidad de enfoque en la enseñanza. Le satisface reconocer palabras que la maestra escribe en la pizarra, y escribir en su pupitre (todavía no sabe copiar con facilidad de la pizarra). Comienza a escribir en letras de imprenta, aunque tiende a invertirlas y vuelve a las mayúsculas. Las mayúsculas son más sencillas en cuanto a la forma y presentan menor reversibilidad. Con determinados niños, deberían usarse las mayúsculas durante todo el primer curso, o al menos hasta que el niño manifieste un deseo espontáneo de pasar a las minúsculas. La escritura, tanto como la lectura, provoca el típico desborde de tensiones observado en el mordisqueo del lápiz, de los cabellos o de los dedos. Seis se complace en escribir algo para su padre o su madre. Podrá reconocer su inversión de una letra, pero no siempre se detiene a corregirla.

El niño de seis años está aprendiendo a leer combinaciones de palabras. Reconoce palabras fuera de contextos familiares y aprende palabras nuevas, separadas del texto. Comete errores diversos: agrega palabras para satisfacer su sentido de equilibrio (los padres y *los* hijos); invierte el sentido (*venir* en lugar de *ir*); reemplaza palabras por otras de análogo aspecto general (*aún* por *una*; *sierra* por *cierre*); en lugar de omitir palabras, tiende a agregarlas (poco, mucho, pequeño, terminaciones en diminutivo); también manifiesta tendencia a repetir alguna palabra que ha encontrado en la línea precedente; quizá intercambie los pronombres personales (*tú* en lugar de *yo*).

A esta edad, muchos niños emplean un marcador, o señalan con el dedo, y acercan la cabeza al libro a medida que la lectura progresa. Se les ve con frecuencia llevarse el lápiz a la boca, sacar la lengua, mordisquearse el cabello o los dedos, tornarse inquietos e, incluso, ponerse de pie.

Al niño de seis años le gusta que le lean, tanto en su casa como en la escuela, y escuchará con atención cualquier relato leído por otro. Lleva a casa su primer libro de lectura, pero también tratará de leer el libro que tenía cuando era más pequeño.

Aprende los símbolos numéricos (dígitos) al mismo tiempo que las letras y, análogamente, los invierte. Al escribir números, quizás diga: «Nunca hago muy bien el 2», «Algunos hacen el 8 así», «Me pregunto si los estoy haciendo al revés», «Estoy cansado; también tengo calor». La numeración de objetos uno a uno es menos evidente; comienza a agruparlos en cuatro de éstos y cinco de aquéllos. Sus favoritos son los pares de números iguales, como 3+3 ó 5+5.

A esta edad, las niñas muestran por lo general mejor aptitud para la lectura, la escritura y el dibujo, mientras los varones se muestran mejores en el trabajo con números y en la atención que dispensan a los cuentos.

El niño de seis años no entra al aula tan directamente como el de cinco. Algunos permanecen remoloneando fuera del aula. La maestra está lista para saludar al niño, revisar lo que ha traído o dirigirle una palabra tranquilizadora cuando es necesario. El alumno necesita todavía alguna ayuda con sus zapatillas y con algunas prendas de vestir difíciles y la maestra debería estar siempre dispuesta para suministrar la ayuda requerida. Los niños mejor coordinados se revelan a menudo ansiosos de ayudar a quienes no pueden manejarse solos. Unos pocos logran mejores resultados si se visten separados de los demás.

Seis pasa de una actividad a otra con relativa facilidad. No se niega a interrumpir algo, aunque disfrute con lo que está haciendo, y puede dejar una tarea incompleta para terminarla al día siguiente. Si hay mucho retraso entre una actividad y la siguiente, los varones en especial muestran propensión a luchar entre ellos.

El cuidado de las necesidades de *toilette* es relativamente fácil si el baño está próximo al aula. Seis puede ir solo al baño, aunque quizás anuncie lo que hace. Acepta fácilmente la sugerencia de la maestra de hacerlo en un momento especial, si no ha ido ya anteriormente. Niños y niñas pueden usar las mismas instalaciones que —preferentemente— no deberían tener puertas. Las puertas parecen estimular una nueva conciencia del funcionamiento intestinal, expresada en las risas inmotivadas y en el afán de espiar a los compañeros.

Seis se orienta en relación con la totalidad del aula y del grupo. Está constantemente moviendo y manipulando objetos. Se impacienta cuando algo se interpone en el fluir de sus movimientos, a menos que —por casualidad— uno vaya en su misma dirección. Habla de sus trabajos y de los trabajos de los demás. Ocasionalmente, una discusión entre dos niños atraerá a los demás, hasta que toda la clase le preste atención; pero, por regla general, se disuelve en cuanto otro niño recoge el hilo de la conversación, o una simple palabra de la misma.

Expresiones características durante el juego libre son las que siguen:

«No estaré de tu parte si lo haces.»

«Oh, conozco ese cuento.»

«Mira, Rosalía, ésta es la primera página.»

«Cambiemos de lugar en los pupitres.»

«Señorita, ¿usted sabe qué quiere decir SF?»

«Necesito una goma y no puedo encontrarla y necesito una.»

«Señorita, voy al baño.»

«Tú necesitas rojos, yo necesito azul.»

«Si lo retoca más, lo arruinará.»

«Eh, tú comenzaste.» (*Arrebata un libro*)

«Devuelve eso inmediatamente.» (*Arrebata un libro*)

«¿Sabes lo que estoy haciendo?»

«Otoño. Eso es cuando uno se cae. Eso es cuando las manzanas caen. Pero eso lo llamamos caer.»[*]

«Hola, sarampión: hola, viruela boba.»

«Hola, tos ferina.»

Seis disfruta del sentido de grupo. Los grupos se componen regularmente de dos niños y son cambiantes. La actividad determina en parte la formación de un grupo, pero las respuestas emocionales desempeñan ahora una parte de mayor importancia. Ciertos niños tienen tendencia a hacer fracasar los juegos colectivos, y la proximidad de la maestra puede ayudar a que ello no suceda; pero, a menudo, esos niños requieren que se les mantenga separados y ocupados en algo de su agrado, como puede ser cavar o construir casas.

9. *Sentido ético*

El reloj del crecimiento parece atrasarse a la importante edad entre cinco y medio y seis años. En cierto sentido, esto es realmente exacto, pues el niño se comporta de forma muy parecida a como lo hacía su anterior personalidad de dos años y medio. Deben considerarse ambas edades, como un retroceso de reorganización, como preparativo de una nueva organización. Los padres necesitan captar el sentido de lo que sucede en el organismo del niño y deberían adaptar sus exigencias a ese organismo, de manera que pueda crecer y evolucionar hacia una mayor conciencia de sí mismo y pueda, por lo tanto, convertirse en un individuo capaz de nuevos ajustes respecto de su ambiente en continua expansión.

---

[*] Intraducible juego de palabras basado en la homonimia entre el sustantivo *fall* (otoño) y el verbo *to fall*: (caer). [*N. del t.*]

Como regla general, las niñas —dotadas de mayor fluidez en su estructura mental y de contactos más flexibles, pero continuos, con el ambiente— no sufren los mismos modos de desorganización que exhiben los niños. Las niñas se adaptan más fácilmente. Sin embargo, ambos sexos tienden a reaccionar más lentamente —o negativamente— ante cualquier exigencia directa que se les plantea. Si se les da tiempo, sin embargo, pueden reaccionar a su propia manera, incluso como respondiendo a la propia iniciativa. Muchos niños necesitan que se les recuerde algo dos o tres veces, para acumular un estímulo suficientemente fuerte y lograr así una respuesta. Las respuestas variarán con los deseos y los estados de ánimo del niño.

Si la madre trata de subrayar una orden empleando un tono firme de voz, puede anticipar una respuesta negativa por parte del niño de cinco años y medio. Ante una presión de este tipo, el niño de seis años desafiará a su madre con un «No, no quiero», o bien «¿Cómo me obligarás?». Si se recurre a la amenaza del castigo físico, o si se emplea efectivamente el castigo ante tales desafíos, los resultados son, por lo general, contraproducentes. El niño se enfurece, imita burlonamente a su madre durante el castigo y, en futuras ocasiones, sólo mostrará una tendencia a repetir toda esta actuación. Mucho más eficaces son los métodos preventivos o el empleo de la magia, tal como contar hasta una determinada cantidad. Hacia los seis años, el niño responde mejor a alguna forma de aislamiento, tal como jugar solo en su habitación, o permanecer sentado en una «silla de reflexión», conocida antiguamente como «silla del niño malo». ¡Y cuánto le agrada que lo elogien! Se pavonea como un pavo real y su comportamiento mejora entonces enormemente.

Al niño de cinco años y medio no le resulta fácil decidirse. Sucede casi como si estuviera sujeto por un soporte formado por dos fuerzas actuando en sentidos opuestos. Ello hace que sus decisiones oscilen en uno y otro sentido. Cuando vacila entre dos posibilidades, casi invariablemente termina eligiendo la «equivocada». Quizás sea por eso que la madre se ve obligada a tomar decisiones y a afirmar claramente qué es lo que sucederá y cómo debe actuar el niño. Cuando Seis finalmente se decide, raro será que algo pueda hacerle modificar esa decisión; ni siquiera en esas ocasiones en que ha llegado a decidirse con relativa facilidad. Pocos son los niños de seis años que pueden ser razonables con respecto a los cambios de opinión; pero hay unos pocos condescendientes casi en demasía.

Seis no sólo tiene conciencia de la «bondad» y «maldad» en sí mismo y en sus actos, sino que también quiere ser bueno, especialmente si eso no le requiere demasiado esfuerzo. Pregunta si se comporta bien, y quiere que la madre impida su maldad, pues ésta lo separa emocionalmente de ella. El niño muestra su deseo de ser aceptado por la madre cuando pregunta: «Aunque he sido malo, me quieres igual, ¿no es cierto?», o bien cuando dice: «Seamos amigos, mamá». No quiere herir a la gente y lo lamenta, y aun puede echarse a llorar cuando lo hace. Tiene una conciencia extraña de lo que, en su estimación, es «maldad» en un hermano menor, y puede llegar al extremo de clasificar a toda la gente en «gente buena» y «gente mala». Pero a su propia pregunta «¿Por qué son malos los alemanes?», contestará diciendo: «Porque Hitler era malo». En su manera de pensar, son los padres quienes determinan las cosas permitidas y las cosas prohibidas.

Para el niño de seis años, las cosas que sus padres permiten son cosas buenas; las que ellos prohíben, cosas malas. Una expresiva niña de cinco años y medio dictó espontáneamente a su madre la siguiente lista de *Cosas que se pueden hacer y Cosas que no se pueden hacer*, donde define claramente su idea de lo bueno y lo malo.

Cosas que se pueden hacer:

1. Decir: «Creo que hoy comes cosas ricas».
2. Las cosas agradables son buenas de hacer:
   a. Comer bien.
   b. Decir siempre «por favor» y «gracias».
   c. Nunca dejar de decir «buenos días, buenas tardes, buenas noches».
3. Comer la cena sola, sin que haya que recordármelo.
4. Estar callada y contestar cuando la gente se dirige a una.
5. Mantener limpios los vestidos.
6. Mantener los relojes en marcha, dándoles cuerda.
7. Acostarse a las 21.30 horas.
8. Levantarse a las 9.30 horas.
9. Cuando la gente rompe cosas, decirles que no deben hacerlo.

Cosas que no se pueden hacer:

1. Decir: «No hablo contigo».
2. Decir: «Dámelo».
3. Decir: «Dame el trozo más grande de cualquier cosa».
4. Ensuciar el piso con migas.
   a. Derramar agua o leche.
   b. Ensuciar la cara o las manos con comida.
5. Encender fuego en cualquier parte.
6. Apartarse de alguien cuando está haciendo algo agradable para una.
7. Golpear las puertas.
9. Romper libros.
10. Dejar las ventanas abiertas cuando llueve.
11. Romper la ropa.
12. Romper los vidrios de las ventanas.

11. Llamar a la gente cuando está ocupada.
12. Romper los sillones.
13. Pellizcar a la gente.

Algunos niños de seis años son capaces de asumir la responsabilidad de sus actos. Sin embargo, quizá se excusen diciendo: «Fue un accidente», o «No quise hacerlo». Pero el niño de seis años, y más especialmente el de cinco y medio, muestra propensión a acusar a sus hermanos, a otros niños, a la madre, a un animal e, incluso, a algún objeto inanimado. Con todo, si el desorden ha sido demasiado importante —una pelota que ha roto la ventana de la sala de estar— a menudo es capaz de asumir toda la responsabilidad. Las cosas grandes de la vida son fáciles. Son las cosas pequeñas las que provocan la mayoría de las dificultades. ¡Quizás no le resultó tan difícil a George Washington confesar que él había derribado el cerezo!

A esta edad, los niños saben ganar mejor que perder, de la misma manera que adoran el elogio y no pueden tolerar la crítica. Por ello, no se les debería colocar en situaciones que presentan para ellos probabilidades de perder. Si se ven en ellas, quizá prefieran engañar a perder. Seis se deleita inventando juegos espontáneos, con reglas que varían en mitad del juego. Éstos son los dos tipos de juego que puede dominar. Tiene los controles en sus manos y puede alterar las reglas como mejor le convenga.

Apropiarse de cosas ajenas y contar historias exageradas son, a los seis años, características más comunes de lo que los adultos quisieran creer. La distinción entre mío y tuyo resulta tan fácil como cuando el niño tenía sólo dos años y medio. Lo «mío» ocupa un lugar preponderante en su mente y echa mano con toda facilidad a los objetos próximos que desea, se aferra a ellos y los agrega a su colección de «cosas». O quizá tenga cierto uso al que destine algunos de los objetos de los que se apropia. Las niñas, con toda probabilidad, se apoderarán de las joyas de su madre o de sus zapatillas. Si saquean la cartera, rara vez cogen dinero, sino que prefieren las llaves o el lápiz de labios. Los niños prefieren los mecheros y los pequeños objetos de todo orden que encuentran en el escritorio del padre.

De la escuela llevan consigo pequeños artículos inocentes: una barra de tiza, un trozo de arcilla, una clavija, un trozo de papel negro o una goma. Quienes se apoderan de los objetos son los primeros en criticar a otros y en calificarlos de «muy malos» cuando ellos hacen lo mismo. Por lo general, el niño de seis años es sorprendido en el momento de apropiarse de las cosas, pues lo hace sin preocuparse por si hay alguien observándole. Pero incluso cuando se le sorprende en plena acción, negará terminantemente que exista alguna relación entre él y el objeto en cuestión, o inventará alguna coartada diciendo, por ejemplo: «Tomás me lo dio». Lo que menos puede tolerar el niño, a los seis años, es el castigo en cuestiones de conducta. Ni siquiera puede aceptarlo en campos menos personales como la lectura y la aritmética. Pero responderá con facilidad a una investigación indirecta si se le pregunta: «¿Cómo has roto todas esas botellas?», o «¿Dónde has encontrado esas cerillas?».

Cuando lo ha contado todo —cosa nada difícil si no se le acusa directamente— el niño puede planear con la madre qué tiene que hacer para comportarse mejor la próxima vez. Se le ayudará en cierta medida guardando las cosas bajo llave, o permitiéndole realizar, con cuidadosa supervisión, algunas experiencias con fuego. De acuerdo con la madre, la maestra le permitirá llevar a su casa ciertas cosas de la escuela. Luego, la madre puede ayudarle a devolverlas, cuando el niño está listo para hacerlo. Si se apodera de cosas sin permiso, probablemente las destruya. Si se le obliga a devolverlas, la manera más fácil de

cumplir esta tarea es teniendo la madre a su lado. Ocasionalmente, cuando se le pide, es conveniente que la madre las
devuelva en lugar del niño.

Unos pocos niños pueden satisfacer su deseo de poseer
cosas nuevas mediante el trueque. El trato puede ser relativamente justo —un chicle por una moneda; pero, como regla
general, uno de los dos niños queda en desventaja a menos
que se haga un «cambio parejo» de objetos análogos—. Seis
podrá también exagerar su generosidad, dado su mayor interés en dar que en recibir. Necesita que le impidan desprender-
se de sus posesiones realmente valiosas.

Seis ansía continuamente aumentar el número de sus
posesiones. Tiene un gran sentido del ahorro. Quiere juguetes,
más por el solo hecho de tenerlos que por su interés en jugar
con ellos. Si un invitado llega a la casa de un niño de seis años
sin llevarle un regalo, será probablemente objeto de sus críticas. Aunque a Seis le gusta tener una gran cantidad de cosas
de su propiedad, es extremadamente descuidado respecto de
ellas: las deja donde no corresponde y las pierde. Es el niño de
seis años el que uno ve en la calle, triste y desconcertado,
mientras la madre le pregunta: «Bien, ¿dónde lo dejaste?».
Seis destruye, a menudo, sus posesiones y si se le hace responsable del mantenimiento del orden en su habitación, remolonea o patalea sus juguetes mientras los recoge y los ordena.
Por lo general, vive «en un lío», pero responde con sentido de
la cooperación cuando la madre le ayuda y, ocasionalmente, se
complace en sorprenderla con una habitación ordenada.

El dinero adquiere verdadero interés para el niño de seis
años, sea en forma de una asignación semanal (cincuenta o cien
pesetas), sea como recompensa. Las pequeñas tareas domésticas, como vaciar la papelera, o poner la mesa, o incluso comer
toda la cena, se llevan a cabo con mejor voluntad si existe la
perspectiva de una recompensa. Algunos niños quieren sólo aho-

rrar su dinero, colocarlo en el banco; otros lo gastan en dulces y bizcochos; otros son sumamente descuidados con él; pero sólo unos pocos quieren invertirlo en la compra de algo especial. Seis perderá una hora en la tienda tratando de decidir su compra y saldrá finalmente llevando en la mano un rollo de cartulina.

10. *Imagen del mundo*

Muerte y Dios

Los seis años constituyen, a menudo, el punto culminante de esta etapa intermedia en lo que se refiere al interés del niño por una potencia creadora con la cual puede relacionarse. Si bien en un principio no captaba fácilmente la idea de un Dios que lo veía, pero a quien él no podía ver, en la actualidad liga en su mente a Dios con la más amplia esfera de la creación. Capta el concepto de Dios como creador del mundo, de los animales y de las cosas hermosas. A los seis años acepta estos conceptos amplios, aunque pronto reflexionará sobre ellos, se convertirá en un escéptico y requerirá nuevas explicaciones.

Seis pide concurrir a la escuela dominical. Le deleita escuchar historias de la Biblia y podría escuchar la historia del pequeño Jesús una y otra vez sin cansarse. Prefiere especialmente participar en un breve servicio ritualista, con las velas ardiendo sobre un altar. Por sus actos, por su genuino intento de adaptarse a lo que de él se exige y por sus expresiones faciales, demuestra que siente el temor reverente de este antiguo culto colectivo. Está desarrollando ahora una relación con Dios, basada en los sentimientos. Las plegarias adquieren importancia: confía en que sus plegarias recibirán respuesta. Si su madre ruega por un niño, él siente que recibirá uno. Y espera que si reza «Dios mío, haz que ese niño no me vuelva a pegar», también esto le será concedido.

En la mente bipolar del niño de seis años, Dios tiene también su contraparte. El niño puede ser extrañamente susceptible a las enseñanzas sobre el demonio, si bien tales enseñanzas son poco comunes en la vida del niño de nuestro tiempo. Una niña de esta edad reconocía dos fuerzas en lucha dentro de ella y confesaba que generalmente triunfaba la que poseía todas las ideas malas. Inventó un nombre para esta fuerza opuesta, que consistía en pronunciar su propio nombre, volviéndolo del revés. Una vez que le hubo dado nombre, tenía mayor dominio sobre ella. Dios se convierte también en su propia contraparte cuando se usa su nombre de manera profana, cosa relativamente común a esta edad.

También la muerte preocupa más al ser sensible del niño de seis años. Teme que su madre muera. Comienza a tener conciencia de las muertes que puedan producirse entre sus parientes o entre la gente de su círculo más inmediato y trata de penetrar las causas de estas muertes. Además de morir de vejez, comprende que uno puede ser asesinado por otra persona. También establece una ligera relación entre enfermedad, medicamentos, hospitales y muerte. Quizás haya cierta preocupación por todo lo que rodea a la muerte: tumbas, funerales, entierros, etc. Los niños discuten estas cuestiones y pueden expresar disgusto ante la idea de ser sepultados —ellos o sus parientes— en la tierra. Con frecuencia, el niño de esta edad necesita protección contra las experiencias de la muerte. Imágenes de niños muertos pueden poblar sus sueños. La vida de un animal muerto es una experiencia que no olvidará fácilmente. Pregunta cuánto se tarda en morir.

Seis podrá pensar que existe un proceso reversible en la muerte, que se puede volver a la vida después de muerto. Incluso en sus procesos mentales, quizás diga a un amigo: «Ojalá nunca hubieses vivido. Y otras veces no siento nada de eso». La mejor forma en que acepta la muerte es pensando que otra persona ocupa el lugar de la persona muerta: los cachorros ocupan el lugar de los perros, y los niños, el de sus padres. Si siente la inmediata posibilidad de que su madre muera, necesita pensar en alguien —quizás una tía— como posible sustituto de la madre. Un niño preocupado por el problema de la madre, decía: «Primero morirá mamá y entonces yo viviré con Nancy. Luego morirá Nancy y yo viviré con Hulda. Y ya no sé con quién viviré si también Hulda se muere. Pienso en eso y me asusto».

Tiempo y espacio

A los seis, no se vive tanto el momento actual, en el «ahora», como sucedía a los cinco. El niño de seis años quiere recapturar el tiempo pasado y escucha con señalado interés los relatos de su propia infancia y de la de su madre. Penetra el futuro mediante la sucesión de fiestas significativas y de cumpleaños familiares. La duración de un episodio en el tiempo tiene para él escaso significado. Muestra poco interés en aprender a medir el tiempo, fuera de la hora. Responde correctamente a preguntas como:

«¿A qué hora vas a la escuela?»
«¿A qué hora vuelves de la escuela?»
«¿Qué haces en el otoño?» «¿Y en la primavera?»
«¿En qué curso estás?»

El espacio sufre un definido proceso de expansión con respecto a lo que era un año atrás. Ahora, el niño no sólo se interesa por lugares específicos, sino por las relaciones entre la casa, la vecindad y la comunidad, incluyendo la escuela. Como a los cuatro años, le gusta recorrer una y otra vez el barrio en el que vive. Conoce los nombres de algunas calles de la vecindad y la ubicación de algunos puntos de interés. Puede, incluso, tener tanta conciencia de una sucesión especial de relaciones espaciales que tema perderse si no se atiene a un cambio específico conocido.

Está aprendiendo a distinguir su mano izquierda de la derecha, pero no puede diferenciar derecha e izquierda en otra persona. Sus conceptos espaciales, como tantos otros, están relativamente poco diferenciados.